떼이야르 신부가 장따 여사에게

PIERRE TEILHARD DE CHARDIN S.J.
Lettres à Léontine Zanta

Copyright © 1965 Desclée de Brouwer
All rights reserved

Elucidated for Korean Version by Pierre Noir, S.J.
Translated with notes by Choi Yeong-In

Korean Translation Copyright © 2002 Benedict Press, Waegwan, Korea
Korean translation edition is published by arrangement with Desclée de Brouwer.

떼이야르 신부가 장따 여사에게
2002 초판
옮긴이 · 최영인 | 펴낸이 · 이형우
ⓒ 분도출판사
등록 · 1962년 5월 7일 라15호
718-806 경북 칠곡군 왜관읍 왜관리 134의 1
왜관 본사 · 전화 054-970-2400 · 팩스 054-971-0179
서울 지사 · 전화 02-2266-3605 · 팩스 02-2271-3605
www.bundobook.co.kr
ISBN 89-419-0211-8 03230
값 8,000원

이 책의 한국어판 저작권은
Desclée de Brouwer와 독점 계약한 분도출판사에 있습니다.
저작권법에 의해 한국 내에서 보호를 받는 저작물이므로
무단 전재와 무단 복제를 금합니다.

떼이야르 신부가
장따 여사에게

최영인 역주

분 도 출 판 사

역자의 말

1991년으로 기억된다. 당시 서강대학교에 계시던 정양모 신부님의 번역 부탁 서신을 받고 파리 시내로 가서 책을 사 보았다. 예상한 대로 여느 책처럼 번역만 할 수는 없음을 절감했다. 20대부터 떼이야르 공부로 70대 노령이 되신 놔르Pierre Noir 신부님께 신세를 졌다. 염치 불구하고 샹티이Chantilly (파리 북방 50km, 1998년경 수도원 문을 닫았음) 예수회 수도원에 계신 신부님을 찾아 혼자 듣기 아까운 귀한 강의를 들었고, 떼이야르 신부님에 대한 강좌 등은 놓칠세라 부지런히 찾아다녔다.

    번역이란 다 그렇지만 유난히 힘들었다. 독자의 이해를 위주로 하여 문장의 상황에 따라 직역과 의역을 임의로 했는데, 떼이야르 특유의 표현은 그 맛을 살리고자 우리 표현은 아니지만 직역을 택했다. 어쨌든 놔르 신부님의 각별한 배려가 없었다면 이 책의 번역은 불가능했다. 지금은 연로하여 귀도 어두우신 놔르 신부님, 우리 독자를 위해 해설을 써 주시고 원서에서 빼놓은 구절을 최초로 우리에게 공개해 주신 신부님께 깊이 감사드린다. 파리의 프레르Lydie Frere 변호사도 큰 도움을 주셨다. 대구에 계신 이홍근 신부님과 우리말 어휘를 한국인보다 더 많이 아시는 프랑스인 최세구 신부님의 도우심은 이 책의 행운이라 생각한다.

    떼이야르 신부님에 대한 소개는 접어두기로 한다. 너무나 유명하신데다 이 책 머리에 두 분의 자세한 이야기가 있기도 하기 때문이다. 역자는 책 끝에 신부님의 약력과 저서 목록과 참고 문헌을 실었다. 사진이나 그림도 모두 역자가 구해서 실었다. 떼이야르 초상화는 놔르 신부님에게서 받았고, 장따 사진은 그녀의 박사 논문(1914)에 실린 것이며, 그밖의 지도와 그림들은 모두 퀴에노의 책(Claude Cuénot, *Pierre Teilhard de Chardin*, Le Rocher 1986)에서 가져왔다.

떼이야르 드 샤르댕Pierre Teilhard de Chardin 신부(1881~1955)

차 례

역자의 말 ··· 5

떼이야르 신부와 장따 여사
    로베르 가릭 ·· 11

신앙의 시련
    앙리 드 뤼박 ·· 39

출판자가 알려 드립니다
    미셸 드 세르토 ··· 61

편 지

1923년 5월 26일 ··· 64
    해설: 떼이야르의 비전의 골자 ······················· 70
1923년 8월 7일 ··· 71
    해설: 범신론과 그리스도교 ···························· 78
1923년 10월 3일 ··· 79
    해설: "결코 변함없는 빛은 우리가 향하고 있는 미래 속에" ········ 84
1923년 12월 12일 ··· 85
    해설: 여인, 여성 ·· 90
1924년 1월 25일 ··· 91
    해설: 떼이야르가 말하는 "발생" ····················· 96

7

1924년 5월 20일 ·· 97
　해설: "신앙에 의해 성스럽게 된 세상에 성실하게 일치하는 것" ·· 100

1926년 8월 28일 ·· 101
　해설: "하늘과 땅에 대한 불가사의한 사랑의 결합" ················ 105

1926년 10월 15일 ··· 106
　해설: 악에 관해서 ··· 111

1927년 1월 10일 ·· 112
　해설: 신비스런 "통현" ··· 117

1927년 5월 7일 ··· 118
　해설: 반개혁주의와 총체주의 ····································· 123

1928년 8월 22일 ·· 124
　해설: 에스프리를 믿는 것 ·· 127

1928년 9월 1일 ··· 128
　해설: "모든 것이 미美와 선善의 …" ······························· 130

1928년 9월 28일 ·· 131
　해설: "'인간의 현상'을 10쪽 정도 …" ······························ 133

1929년 1월 24일 ·· 134
　해설: "존재의 맛" ··· 140

1929년 4월 15일 ·· 141
　해설: "제3의 에스프리" 혹은 "제3의 길" ··························· 145

1929년 8월 23일 ·· 146
　해설: 페르손과 페르손화 ··· 152

1929년 12월 14일 ··· 153
　해설: "수도원의 편벽함이나 교회의 편벽함까지도" ················ 157

1930년 2월 7일 ··· 158
　해설: "반발심을 극복" ··· 162

1930년 4월 3일 ··· 164
　해설: "우주에 있어서 그리스도교의 위치" ···················· 168
1930년 8월 22일 ··· 170
　해설: "진실의 발걸음" ··· 172
1932년 3월 20일 ··· 173
　해설: "탐구하려는 … 정열" ·· 178
1934년 6월 24일 ··· 179
　해설: "요점의 되풀이" ··· 184
1936년 1월 26일 ··· 185
　해설: 신그리스도 — 신종교? ·· 192
1938년 11월 12일 ··· 193
1938년 11월 21일 ··· 194
1939년 2월 11일 ··· 195
화요일 ··· 196
　해설: 죽음에 관해 ··· 197

편집자가 앞에서 시사한,
원문에서 빼어놓고 이 책에 싣지 않았던 여섯 구절 ················ 199

떼이야르 드 샤르댕의 약력 ·· 202
샤르댕의 저서 ··· 204
샤르댕의 서간집 ··· 204
역주에 참고한 책들 ··· 205

주요 인명 색인 ··· 206

9

레옹틴느 장따 Léontine Zanta 여사(1872~1942)

떼이야르 신부와 장따 여사

로베르 가릭

"수요일에 점심 드시러 꼭 오세요. 신부님 세 분이 오시는데 모두 재미있는 분들입니다."

장따 여사의 점심 초대를 받고서 약간 호기심이 동해 뇌이이[1]를 찾은 것은 1925년 어느 화창한 봄날이었다. 이날의 만남이 그렇게 인상 깊으리라고는 미처 생각하지 못했다.

과연 신부님 세 분이 와 계셨다. 한 분은 이름이 쟁쟁한 브르몽 신부님, 또 한 분도 역시 유명한 뮈니에 신부님 그리고 다른 한 분은 그날 내가 정말 놀랐던 신부님이다.

브르몽 신부는 저서를 여러 권 냈는데 그중에 몇몇은 독자를 실망시키지 않았다. 그리고 출간되기 시작한 그의 저서 『종교적 관점에서 본 문학사』에 대해선 문체가 아름답고 화려하며 뉘앙스가 있고 시詩적이라 이해할 수 없을 만큼 신비롭다고 모두들 평판했다. 이 신부는 키가 크고 깡마른 데다 거창하게 보였다. 그의 강렬한 시선은 비꼬는 듯 우롱기가 어려 거리감을 주었다. 야무지고 얄팍한 입술에선 세련된 비평이 넌지시 흘러나왔으며 재담으로 대화를 독차지했다. 그래서 사람들이 그를 두고 새로운 생트-뵈브[2]라고 말하던 것이 생각났다. 나는 완전히 질려서. …

뮈니에 신부는 브르몽 신부에 비해 체구가 훨씬 작았고 지극히 어진 사람이었다. 장난기 어린 두 눈은 재치에 빛났으며, 그의 이야기를 듣고 있

※ 이 글의 각주는 모두 역자가 달았다.
1. Neuilly: 파리 동북쪽 교외.
2. Charles Augustin Sainte-Beuve(1804~1869): 작가며 비평가로서 아카데미 프랑세즈 회원.

으면 신부님을 따라다니는 전설 때문인지 재미가 있어 빨려들었다. 그는 많은 예술가와 시인들의 영성지도자요 친구로서 위스만을 주교좌 성당에 들어오게 했으니 위스만[3]이 전적으로 신뢰한 사람이 아니었겠는가! 고민하는 사람들에게 귀를 기울이고 위로하기 위해 그들과 가까웠지만 사실은 뮈니에 신부 자신이 예술과 시의 대단한 애호가였다. 그는 낭만주의 작가들을 좋아해서 콩부르그[4]와 그 주인을 애지중지했으며, 자기가 심취했던 작품이나 절친한 문학 친구들에 관한 이야기를 누가 하면 그만 감동해서 두 눈이 환상으로 몽롱해졌다. 마리 노엘을 찾아내어 그녀에게 대 시인의 칭호를 바친 것이 이 신부가 아니었던가? 한편 브르몽 신부도 뒤질세라 마리 노엘에게 용기를 북돋아 천직을 끝까지 밀고나가도록 했던 것이다.

그러나 다른 한 신부는 이날 좌중의 두 신부와는 너무나 대조적이었다. 이분 역시 키가 크고 늘씬했는데 과묵했다. 먼 곳을 응시하는 깊고 아름다운 두 눈은 한 가지 생각에 골똘한 것 같았다. 신중을 기하고 기한 후에야 한 마디씩 던지는 말은 뭔가 무게가 있으면서 날카로웠다. 그는 정열적이면서도 결코 지나치지 않았고 침묵은 오히려 예리한 비평만큼이나 두려움을 주었다. 이 신부는, 말하자면, 우리가 어떤 위대한 사람과 마주했을 때 압도적인 느낌을 받으면서도 빨려들듯이 호감을 가지게 되는 그런 분이었다. 그의 고매한 태도는 바로 품위있는 성직자였으며 민첩한 거동은 경기장을 달리는 선수 같았다. 극기와 수행이 선연히 새겨진 얼굴엔 수도생활에서 우러나온 빛이 밝게 빛났다.

바로 그날, 이분이 나에게 평생 잊을 수 없는 인상을 주었는데 그때 신부님은 첫번째 중국 여행에서 귀국하신 무렵이었다.[5] 그후에도 나는 이분

---

3. Georges-Charles Huysmans(1848~1907): 말년에 뮈니에 신부에 의해 가톨릭 작가가 되었다. 이 사실을 그의 작품 「주교좌 성당」에 빗대어 말한다.
4. Combourg: 프랑스 서북부 브르타뉴 지방의 도시. 여기서는 11~15세기의 성을 말하며 그 주인이란 이 성에서 젊은 시절을 보낸 일이 있는 낭만파 작가 François René Chateaubriand(1768~1848)을 말한다.

을 이곳에서 다시 만났었다. 물론, 나는 이날의 인상을 장따 여사에게 잊지 않고 말했다.

수많은 예술가와 철학가들이 어째서 여기에 모여 서로 친분을 계속 가질 수 있었던가? 그럼 이 집 여주인은 어떤 사람이었던가?

여주인인 장따 여사는 그때 이미 명성과 작품으로 널리 알려진 사람이었을 뿐 아니라 10여 년 전부터 당시의 가장 탁월한 사상가로 손꼽히고 있었다.[6] 여사에 대한 찬사는 그녀가 걸어온 경력에 가히 걸맞았다.

아버지가 인문주의자며 학교 교사인 알사스 지방의 젊은 처녀가 그 당시 소녀들은 거의 엄두도 못 내던 대학에 진학한 건 고사하고 다른 공부도 아닌 철학을 하려고 소르본느에서 강의를 듣기 위해 기어이 부모를 설득하여 파리로 왔던 일은 사람들이 잘 알고 있는 이야기다.

그녀는 리상스[7] 시험을 준비하기 전에 수에즈 운하의 책임 기술자인 르맛송 씨의 가족을 따라 이집트의 이스마일리아에 가서 체류했다. 여기서 몇 달 동안 그 집 자녀 셋을 맡아 교육시켰다. 파리에 다시 돌아와서는 학생들을 가르치는 아버지를 도와 레슨도 주고 복습도 시키면서 또한 자신의 시험공부를 했는데, 그때 그녀는 대학 철학과의 홍일점이었다. 자신이 좋아하는 여러 철학가에게 열중했으며 특히 플라톤 작품을 탐독했다. 또 에픽테토스의 「어록」을 은근히 좋아해서 결국 거의 암기할 수 있을 정도로 통달했다. 브로샤르[8]와 에밀 부트루[9] 그리고 가브리엘 세아이유[10]의 강의를

---

5. 41 43쪽 참조.
6. 장따 여사가 철학박사 학위를 받은 것이 42세(14쪽 참조), 1925년 당시는 53세. 떼이야르 신부와 장따 여사가 알게 된 것은 1919년경으로(*Genèse d'une pensée*, 381쪽 참조) 신부는 38세, 여사는 47세였다.
7. Licence: 학사 자격을 위한 대학 졸업시험 같은 것으로서 이 시험을 통과하지 않으면 박사과정에 들어갈 수 없었다.
8. Brochard: 소르본느 철학교수.   9. Émile Boutroux: 소르본느 철학교수.
10. Gabriel Séailles: 소르본느 철학교수로서 칸트 전문가.

들었다. 이때 유명한 앙리 베르그송을 만난 그녀는 자신의 사상에 이 거장의 영향을 많이 받았다.

1898년 철학과 리상스 시험에 우수한 성적을 받은 후 즉시 교직생활로 뛰어들었는데 그것은 그녀의 타고난 천직이었다.

발랄하고 쾌활한 그녀는 대화를 할 때면 솔직하면서도 열정적이었기 때문에 청강하는 남녀 학생들을 천부적인 재능으로 감동시켰다. 파리 부인이 갓 세운 참다운 학교인 뮈튀알리테 멩트농[11] 사립 사범학교에서 교수직을 맡아 가르쳤다. 이 학교에 있을 때 사뮈엘 로셔블라브를 만나 일생을 두고 서로 좋은 친구가 되었고 또 당시의 인도차이나 총독 폴 두메와 학교 명예회장 알프레드 메지에르를 알게 되었다.

그러면서도 그녀는 자기가 꼭 해야 할 일이 있다는 것을 잊지 않고 있었다. 그래서 철학박사 학위 논문을 준비했는데 그때까지만 해도 철학은 사람들이 거의 관심을 가지지 않던 분야였다. 논문 주제는 「16세기 스토아 철학의 부흥」*La renaissance du stoïcisme au XVIe siècle*이었다. 그 연유로 베르그송과 세아이유와 스트롭스키가 그녀를 격려했다. 그녀는, 낮이면 강의를 하는 한편 수많은 학생들의 연구를 지도하고, 그러면서 여가를 이용하여 국립도서관에서 책을 뒤졌으며, 밤이면 자신의 중요한 최초 작업인 박사 논문에 열중했다. 끈기있게 버티면서도 미소를 잃지 않는 그녀를 보고 주위 사람들이 모두 감탄했는데, 그녀는 천성적으로 난관을 어렵지 않게 극복할 수 있는 성격을 타고났다. 1914년 5월 19일은 레옹틴느 장따가 어려운 박사 논문에 도전하여 프랑스 최초의 여성 철학박사가 된 날로서 당시 프랑스 여권운동에 있어선 기록할 만한 날이다.

전쟁이 발발한 1914년, 알사스 여인 장따는 뷔퐁 남자 고등학교에서 철학을 열심히 가르쳤다. 뮈튀알리테 멩트농의 학장으로 선출된 그녀는 명성이 급속도로 퍼져 프랑스 여권운동의 선봉 역할을 맡지 않을 수 없었다.

---

11. Mutualité Maintenon: 대학 수준의 크리스천 사립학교로서 지금은 없다.

그녀는 학술회의와 강연에 연사로 계속 초빙되었기 때문에 갑자기 유명해졌지만 자기 동료들이나 신문기자, 작가들처럼 정치를 위해서나 정치적 권리의 요구를 위해서는 그리 정열을 쏟지 않았다. 그러나 여성들을 위해, 그들이 모든 자유 직종[12]에 참여할 수 있도록 권리를 주장했다. 막 각광을 받기 시작할 무렵, 일을 열심히 할 당시, 폴 부르제의 머리말이 실린 『여권의 심리』*Psychologie du féminisme*란 책을 냈는데 그녀는 이 책 때문에 더욱 유명해졌다. 그러는 동안에 콜레트 이베를 만나 새로운 우정과 새로운 협조를 가지게 되었다.

그후로는 신문을 통해 여성의 직업에 대한 권리를 옹호했는데, 어느새 장따 여사는 의지가 굳고 두뇌가 명석한 신문기자로 바뀌어 그녀의 논설이 중요 일간지 일면에 실리게 되었다. 그러나 얼마 후 그녀는, 자기의 처음 주장과는 달리 교육학과 사회학 문제를 다루면서 아울러 교직 문제와 사회 문제에 손을 댔다. 그녀는 자신의 길을 명백히한 후 자기가 지지하는 주장들을 열렬히 옹호했을 뿐 아니라 작업장에서의 여성노동 문제와 사립학교 문제도 취급했다. 어느 날, 나라가 정치적으로 분열[13]되는 것을 보고 통탄하여 프랑스를 하나로 통합시키려는 사명감과 스토이즘에 불타올라 글을 썼다. "시대의 불행을 극복하기 위하여 마르쿠스 아우렐리우스의 고매하고 슬픈 명상록을 재독하면서 나는 책상에서 분투한다."

이로부터 편지 사태가 쏟아졌다. 죽는 날까지 많은 독자들의 질문과 사색의 글을 받았는데 이것은 곳곳에 있는 전 국민들과의 참된 대화였다.

동시에 장따 여사는 강연 연사로 명성이 점점 높아져 외국에 초빙되었다. 먼저 네덜란드에서 그녀를 초청했다. 1919년부터는 로테르담의 알리앙스 프랑세즈Alliance française 대강당과 노테르Notaire 강당에서 번갈아 강연했다. 주제는 "현대 여성과 20세기 사회 문제"였다. 다음으로 간 곳은 그녀

---

12. 의사, 변호사 같은 직업.
13. 1920년대에 공산주의가 대두되면서 프랑스에 사회적·정치적 불안이 겹쳐졌다.

가 사랑하던 벨기에와 프랑스 동부 지방이었다. 그녀는 특히 서로 의견을 달리하는 토론석상에서 가장 권위있게 자기 의견을 주장했다. 왜냐하면 모순된 의견엔 가차없이 항변하기 때문이었다. 그녀는 신뢰를 얻는 길도 알았고 강당의 청중들을 감동시킬 줄도 알았다.

사람들의 간청에 외출도, 영접도 수없이 해야 했으며 파리 사람들의 모임에선 늘 환영받았다. 그러나 그녀는 1900년에 가족들과 함께 자리잡은 마드리드 가(街)의 항구(港口) 같은 자기 집에 있기를 가장 좋아했다. 주위 환경이 마음에 들었기 때문에 사무실 겸 손님 영접을 위한 살롱을 마련했는데 수많은 저명한 손님들이 여기서 즐겁고 유익한 시간을 보냈다. 에라스무스와 립시우스의 초상화가 휴머니스트들의 대담을 주관하는 듯 걸려 있었고 나지막한 서가 위에는 라파엘의 「성체성사에 대한 토론」의 복제품이, 현관 가까이에는 미켈란젤로의 「모세」상이 그리고 그 옆에는 파스칼의 데드 마스크가 있었다.

여름 저녁이면 느지막이 어둠이 잦아드는 발코니에서 불로뉴 숲의 나뭇잎들을 바라보는 것을 그녀는 좋아했으며 "붉은 태양이 아름답게 황금빛을 던지며" 지평선으로 기울어지는 것을 감상했다.

명상에 잠긴 그녀에게 이웃에 사는 조카들과 그 자녀들이 몰려와서 즐거운 방해를 하곤 했다. 일찍부터 가까운 친구들이 주위에 많아서 종종 그들을 방문했으며 죽을 때까지 그들과의 우정이 변치 않았다. 예컨대 프랑스 인턴 자격시험에 합격한 최초의 여의사인 마담 다르칸느, 나중엔 절친한 친구가 되었지만 처음엔 그녀의 학생으로서 떼이야르 드 샤르댕 신부님을 소개한 마르그리트 테이야르-샹봉,[14] 멜쉬오르 드 폴리냑 백작부인, 옛날

---

14. Marguerite Teillard-Chambon(1880~1959): 떼이야르 신부와 각별했던 한 살 위 육촌누이로서, 그의 사상 발전에 한몫을 한 여성. *Genèse d'une pensée*는 그녀가 떼이야르 신부로부터 1914~1919년에 받았던 편지집으로 자신이 머리말을 썼으며, *Lettres de voyage*는 1956년에 그녀가 펴낸 떼이야르 신부의 1923~1953년에 걸친 편지 선집이다.

이스마이리아에서 함께 지낸 마담 르 맛송을 들 수 있다.

철학가들이 즐겨 모이던 집이며 일차대전 기간중에 모리스 도네가「점심」Le déjeuner에서 피력했던 무대였고 여기에 앙리 베르그송이 처음으로 세르틸랑즈 신부를 만나러 왔으니, 이미 이곳은 하나의 역사적 사건으로 빛나는 장소가 아니었던가! 뮈니에 신부와 모리스 도네가 합석했던 이 첫 회담에 뒤이어 이 집에서는 또 다른 만남이 잇달아 있었다.

소설가, 시인, 여행가들도 철학가들 못지않게 찾아왔다. 타로 형제는 이 집 단골이었고 폴 부르제와 모리스 바레스는 르네 보알레브처럼 이곳에서 서로 만나기를 좋아했다. 장따 여사가 페미나[15] 상賞의 심사위원이었기 때문에 젊은 작가들도 이 집을 드나들었다. 어느 날 저녁 죠셉 켓셀[16]이 여기 왔던 것을 나는 기억하고 있다. 그가 열렬히 토론하자 장따 여사도 뒤질세라 신랄하게 토론했다.

1925년, 장따 여사가 50대를 넘어섰다. 나이와 더불어 더 침착해지고 더욱 온화해진 그녀의 아름다움은 뛰어났다. 여사의 우아한 태도와 매력적인 표정은 초상 화가들이 다투어 그리는 르네상스 시대의 왕녀에 가히 비할 만했다. 콜레트 이베가 자기 소설의 여주인공을 두고 "부드럽고 둥그스름한 얼굴에 개성이 뚜렷한 은발의 이 여인, 밝고 다정스런 물망초빛 눈동자에선 불타는 영혼의 영원한 이야기가 빛을 발했다"라고 묘사했는데 이 여인이 바로 장따 여사를 그린 것이 아니었을까? 우리가 아는 바와같이 사실 장따 여사는, 우아한 몸가짐과 표정, 연민 어린 침착성 그리고 부드럽게 빛나는 정열이 겸비된 여성이었다.

그녀의 제자들은 여사를 가리켜 "등불"이라 불렀고 모리스 도네는 "라네오Lanéo 여사"라 명명했으며 브르몽 신부는 "위파티"Hypatie 그리고 다르칸느 부인은 "우리들의 존경하올 장따 …"라고 했다.

---

15. Fémina: 1904년에 창설된 프랑스 문학상.
16. Joseph Kessel(1898~1979): 프랑스 작가이자 신문기자.

그럼 여기서, 떼이야르 드 샤르댕 신부의 이야기를 어느 시기부터 언급할 것인가? 그는 군복무[17]로 전선에 있을 때 사상이 성숙하기 시작했고 또한 자신의 미래를 발견하게 되었다. 종전 후 1922년엔 박사학위 논문을 우수하게 통과, 파리 가톨릭 대학에서 강의 그리고 마르슬랭 불[18]의 박물관[19]에서 일했고 다음해 1923년엔 최초의 극동 여행을 시도했다.

진실로 그는 미지의 동양에 끝없는 매력을 느껴 "질료質料와 인간의 우주에서 아직까지도 천연 그대로인 지역에 다시 잠기고" 싶어했고 그래서 "수없이 다양한 종족과 인류의 관심사"에 전념했다.

그는 보고 느끼고 관찰할 줄 알았기 때문에 여행에서, 낯선 고장에서 얻은 것이 막대했다. 가르다퓌 곶을 지나 인도양을 항해할 때 잔잔한 날 그가 느낀 것을 한번 보자. "이 거울 같은 수면 위에 날치가 튀어올랐다 미끄러졌다 하며 제비가 물을 차듯 물 수제비 뜨고 있소. 노을이 사라진 저녁 무렵이면 가없이 막막한 이 호수는 그윽한 매력으로 그 모습을 바꾼다오. 어제 나는 동녘 바다를 바라보았소. 우윳빛과 풀빛만으로 끝없이 물든 바다, 불투명한 오팔빛의 바다는 아무리 바라보아도 지치지 않았다오. …"[20]

그는 중국의 천진과 북경을 탐사했다. 지질학자에게는 중국 역시 연구과정에서 빼놓을 수 없는 거대한 공간이다. 그는 "오르도스의 적갈색과 잿빛 고원"을 샅샅이 탐색했다. 그리고 어마어마한 고비 고원 지대가 눈앞에 나타나는 것을 보았고 요새 성벽을 넘어 몽고 사막 쪽으로 길을 잡았다. 그는 자기 주위에 펼쳐진 자연의 모습이 너무 엄청나 이국 정서 같은 안이

---

17. 일차대전(1914~1919) 당시 전선에서 부상병 나르는 담가병으로 복무.
18. Marcellin Boule(1861~1942): 지질학자요 고대생물학자로서 프랑스 고대인류학파 창시자. 떼이야르 신부를 지질학에서 고대생물학을 공부하게 했으며, 두 사람은 죽을 때까지 사제지간이자 동료로서 두터운 정이 지속되었다.
19. 현재 파리 5구에 있는 Muséum National d'histoire naturelle로서 "Association des amis de Pierre Teilhard de Chardin"이 여기에 있다.
20. 마지막 37쪽의 가릭이 인용한 구절 이외 다른 인용 구절은 모두 *Lettres de voyage*(1923~1955)에서 따온 것이다.

한 감상은 있을 수도 없었다. 그림처럼 아름답다든가 이국적이라든가 하는 것도 넘어서 버렸다. 그러나 대자연의 조화는 가슴깊이 새겨졌다. "몽고의 막막한 대 공간, 그 한가운데 내가 서 있다는 기쁨을 맛보오. 저녁 노을 무렵이면, 진주빛 섞인 푸른 서녘 하늘과 보라 빛깔의 동녘 하늘을 배경으로 누른색 잡초의 대양 위에, 지도책에서도 별로 본 적이 없는 낯선 이름의 산맥들이 뚜렷이 그 윤곽을 그리는 것을 바라본다오."

도둑이 들끓고 내란에 시달리고 그러면서도 외세 침입을 막을 줄 아는 이 나라가 고대생물학자에겐 더없이 경탄스럽기만 했다. 이 학자는 참을 성있게 해머를 두들기며 발굴물을 쌓아나갔다. 그의 상상력에 불이 붙었다. 구대륙의 기나긴 모든 과거가 깡그리 그 모습을 이 학자에게 보였다. 수천년이 와해되어 드러나고 수세기가 그의 눈앞에 몽땅 들어왔다. 모든 것이 살아났다. 그래서 그는, 시원始原엔 틀림없이 이곳에서도 꽃피었던 원시생활을 알아냈다. "여기에 코뿔소와 기린 그리고 영양들의 뼈가 하얗게 되어 남아 있소. 현재 아프리카의 열대 초원에서 이 동물들이 노니는 것처럼 제3기 중신통층中新統層엔 여기에 이것들이 살고 있었소. 높은 황토벽 아래엔 아직도 인간의 발자취가 곳곳에 남아 있는데 그 인간의 눈은, 중국이 황색 대지로 바뀌기 이전의 중국을 바라보았던 것이오."

과거에 심취했다가 … 자신의 참된 본향인 미래를 향해 뛰어들었다. 왜냐하면 그는, 눈에 보이는 것들을 넘어서서 그 너머에 있는 보이지 않는 것이 무엇이든, 여행에서 얻을 수 있다는 생각을 더 이상 하지 않았기 때문이다. 이런 희망은 젊었을 때만 꿈으로 가질 수 있다. "세상은 솔기 없는 너울이라 어디든지 끝없이 다닐 수 있지만, 인간의 더 높은 지역[21]을 비추어 주는 빛(해)을 만나기는 지극히 어렵다오."

그러나 그는 놀랍게도 천막에서 몽고인들을 만났으며 젊은 중국[22]의 학자들인 협조자들 그리고 조사 연구차 세계 각국에서 온 다른 학자들까지 만

---

21. 64-5쪽 참조.   22. 1911년에 수립된 중화민국을 가리킨다.

났다. 그래서, 목적을 같이하는 하나의 단체 같은 분위기가 급속도로 조성되었다. 미국, 스웨덴, 중국인들이 모여, 조사 연구가들의 미래의 협회, 서로 도우는 진정한 모임의 주춧돌이 놓였다.

그는 학자로서의 즐거움과 예술가로서의 즐거움을 모두 맛보았다. 그러나 바다 밑에서 갑자기 밀려오는 격렬한 파도에 전신이 휩쓸리듯 자기의 절대적 소명이 덮쳐오는 것을 분명히 깨달았다. 그는 전선에서 군복무할 때부터, 자신은 고古문서들을 탐색하기 위해 있는 것이 아니라 어떤 다른 것을 위해 존재한다는 것을 알고 있었다. 그래서 아득한 미래로 눈을 돌려 그 미래를 조사하고 살폈다. 그리고 자신의 정신적 내면의 삶을 더 깊게 충실히 했다. "좀 지나치게 과학에 몰두하다 보니 철학적인 문제를 많이 탐구할 수 없지만 정말 깊이 생각해 보면 그리스도에 관한 학문이 그 어떤 것보다도 중요하다는 이 확신이 점점 더 가슴깊이 파고든다오."

중국에 있을 때부터 그가 기대했던 "미래를 순례하는 사람"이란 은밀한 호칭을 얼마 후에 듣게 되었다. 이 "미래의 순례자"는 과거에 대해 탐구했던 것을 모두 활용했다. "어떤 견지에서 본다면 과거란 미래로 변화될 수 없는 걸까요? 있었던 것과 있는 것에 대한 더 넓은 의식은 정신적인 모든 발전에서 뺄 수 없는 기초가 아니겠소?" 미래를 향한 걸음에 자신이 협력한다는 유일한 기대가 고대생물학자의 전생애를 떠받쳐 준 것이 아니겠는가? "문명이 변천하면서 세상이 무턱대고 돌지도 않고 헛돌고 있지도 않소. 그러나 살아 있는 존재들이 모두 움직임으로써 그 어떤 것, 틀림없이 천상의 그 어떤 것이 이루어지오. 그렇지만 처음엔 일시적이오. 이 세상 바로 이승에서부터 인간의 노고는 이미 인간에게 무의미한 것이 결코 아니오. … 전진하는 인류가 남겨놓은 항적航跡이 우리에게 인류의 변동을 알아보도록 드러내 주는데, 이것이 민족들의 이물(船首) 밑 어디에선가 용솟음쳐 올라온 물거품이 보여주는 것보다도 못하단 말이오?"

미래, 과거 … . 지난날의 가을,[23] 이집트[24]의 가을, 헤이스팅스[25]의 가을, 포레와 몽도르[26]가 있는 오베르뉴[27] 고원지대의 가을, 이 모두가 눈앞에 지나갔다. 과거의 이 모습들을 여기 중국에서 다시 본다는 것이 서글펐지만 그는 냉철하게 관찰했다. 고향 사르세나의 오베르뉴가 이역만리에서 천태만상으로 그의 눈앞에 다시 나타났다. 현무암의 고원이며 대호수들은 "외관상 오베르뉴 지방과 똑같았지만 목장만은 달랐소. 이 초원은 용담 속 꽃 대신 아주 예쁜 조그만 붓꽃으로 뒤덮여 있었는데 이 보랏빛 꽃들은 곳곳에 진짜 융단이 깔린 듯했소". 제4기[28] 화산으로 된 이 산맥이 "오늘날 오베르뉴의 산들과 똑같이 신선하게" 그에게 보이지 않았던가?

옛 풍경들, 그리고 샤를르 신부,[29] 발랑생 신부,[30] 브뢰이 신부[31] 등등의

---

23. "1923년 9월 30일 닝햐푸에서 … (유달리 좋아하는 나의 계절) 가을이. 인상깊었던 곳곳의 가을이 안개 피듯 떠올랐다오. 포레와 저 멀리 몽도르가 있는 오베르뉴의 높은 고원지대의 가을, 보랏빛 사막으로 으스름 저녁이 서늘히 내려앉는 이집트의 가을, 둥그스름한 사구砂丘 위로, 해안 늪지의 막막한 목장 위로, 바닷바람이 스치는 헤이스팅스의 너도밤나무가 황금빛으로 물든 가을. 이 모든 가을을 옛날처럼 아직도 느낀다오. 하지만 지금은 좀 달리 느끼오 — 약간 멜랑콜리하달까. 그건 내 인생도 가을로 접어들었기 때문일 것이며, 아울러 내가 몇 배나 더 차분하고 더 투명해진 것은, 세상이 더 가깝게 더 감싸듯 느껴지는 시간의, 오묘하고 수수께끼 같은 그런 매력을 통해 나를 부르는 어렴풋한 그 무엇을 더 잘 분간하기 때문일 거요."(*Lettres de voyage*, 50쪽).
24. 철학과 신학 과정 사이에 예수회에서 일종의 교수 실습이 있는데, 젊은 예수회원 떼이야르가 카이로 중학교에 물리·화학 선생으로 임명되어 1905~1908년에 이집트에 있었다.
25. 예수회원 떼이야르가 1908~1912년에 영국(East Sussex) 항구도시 Hastings에서 신학 과정을 했다.
26. Forez, Mont-Dore: 프랑스 중앙 산악지대에 있는 산들.
27. Auvergne: 프랑스 중앙 산악지대가 있는 떼이야르 신부의 고향 지방.
28. 지질학에서 일컫는 최근 약 100년.
29. Pierre Charles(1883~1954): 예수회 신부로 벨기에 루뱅 대학의 명성높은 신학교수. 떼이야르 신부와는 영국 신학 공부 시절의 친구로서 사이가 가까웠고 *Le Milieu divin* 출판을 적극 추진했지만 성공 못했다.
    "샤를르 신부는 나보다 더 신학적이고 더 실질적이오. 그는 내게 진지한 충고를 줄 수 있고 또 든든한 정신적 뒷받침이 될 수 있소"(*Genèse d'une pensée*, 387쪽, 1919년 3월 5일 편지).

오랜 우정들 … 세상은 정다운 얼굴들로 가득했다. 그리고 어떤 사람들은 유별나게 일생 동안 동행하며 그들의 주의깊은 배려는 항상 우리를 뒤따른다. 떼이야르 신부는 살아가면서 부딪치는 모든 사건들, 그리고 자기 비전의 터에 나타나는 모든 것을, 지상(地上)의 원인인 그리스도, 즉 모든 것을 밝혀주고 합일하는 그리스도에게 결부시키는 습관이 성장해 가는 것을 깨달았다. 파도가 흰 거품을 일으키며 끝없이 펼쳐나간 듯 아득하게 열린 이 기막힌 풍경 앞에서 그의 생각은 기도가 되어 올라갔다. "내가 몽고의 천지를 그리스도께 바쳤소. 아마 그 누구도 여기서 그리스도께 단 한 번도

"저 위대한 오귀스트 발랑생이 떠난 후 — 마치 아이처럼 태양과 하느님을 부르면서 숨을 거둔 지극히 아름다운 최후 — 내 눈을 열어주었던 또 한 사람, 피에르 샤를마저 가버렸다오. 그 친구 역시 분명코 소박하게, 멋있게 끝마쳤을 거요."(*Lettres de voyage*, 353쪽, 1954년 2월 28일 편지).

"그렇게 친밀했던 오귀스트 발랑생이 영영 떠난 후 피에르 샤를마저 가버렸으니 정말 내가 외톨이가 되었네. 그런데 1946년부터 샤를의 태도가 이상스레 변했던 것이 사실인데(그 친구가 보수주의자가 되다니? …). 어쨌건 샤를르는 항상 내게 잘해 주었네. — 그뿐인가, 옛날 신학 공부 때 그 친구가 — 정확히 말하자면 발랑생과 함께 — 내 눈을 열어주었지. — 그 다음 내 차례는 언제인가?"(*Lettres familières de pierre teilhard de chardin mon ami 1948~1955*, 230쪽, 1954년 3월 7일 편지).

30. Auguste Valensin(1879~1953): 떼이야르 신부와 수련기 때부터 문학, 철학, 신학 과정을 거의 함께 보낸 서로 마음을 터놓은 친구로서 1950년 여름 긴장된 사태에 염려하는 그의 편지에 떼이야르가 이렇게 답변했다. "마음 푹 놓게. 내가 자네한테 말도 않고서 중요한 일을 절대로 결정하지 않을 테니까"(*Lettres intimes de T. de Chardin*, 392쪽, 1950년 8월 8일 편지).

1953년 12월 18일 니스에서 그가 갑자기 죽었을 때, 떼이야르 신부가 뉴욕에서 1954년 1월 5일, 육촌누이 마르그리트에게 이렇게 썼다. "그 친구가 내게 사고하는 것을 가르쳐 주었소. 그 친구에겐 모든 것을 내가 말할 수 있었다오. 그리고 우리는 별로 말로 표현한 일은 없었지만 서로 깊이 사랑했었소. 지금 그 친구는 '보고 있소'. 내 차례는 언제인지?"(*Lettres de voyage*, 352쪽).

31. Henri Breuil(1877~1961): 프랑스 선사(先史)학자며 신부. 불M. Boule의 연구실에서 이 신부를 알게 된 떼이야르 신부가 북경원인을 발견했을 때 그를 초청하게 하여 1931년 중국에도 왔고 죽을 때까지 두 신부의 친교가 지속되었다. 그가 받은 떼이야르의 서한들인 *Lettres inédites*가 1988년에 출간되었다.

간청하지 않았을 것이오." 푸코 신부[32]도 이런 말을 …

 1925년 자신의 정신적 고향인 파리로 돌아왔을 때 그의 생각은 이 비전으로 가슴 가득했었다. 그는 자기가 걸어온 노정과 자기 삶의 커다란 관심사, 인류가 걸어갈 길 그리고 하느님 인도에 따라 걸어가는 자신의 진로, 이런 화제를 친구들에게 되풀이 말했다.

 떼이야르 신부는 마드리드 가에 있는 "새장"(鳥籠)에 와서 자신이 생각하고 있는 것을 이 집 주인, 즉 다른 사람의 생각을 열심히 듣고 이해하고 활기를 돋우어 주는 여류 철학가 앞에 열어보이는 것이 즐거웠다. 그뿐 아니라 그는 또 장따 여사가 끼치는 영향이 중요한 것을 알기 때문에 그녀가 자신의 소명을 끝까지 고수할 수 있도록 용기를 북돋우었다. 그뿐 아니라 여사가 피정을 하도록 그리고 영성적 향상을 위해 시간을 더욱 할당하도록 충고했다. 장따 여사는 자기의 희망과 우려를 대변하는 듯한 여러 저서와, 현대사상의 새로운 추세에 대해 떼이야르 신부에게 이야기했다. 그러나 그런 만남은 잠깐이었다. 중국 대륙이 그를 부르기 때문에 1926년 또다시 프랑스를 떠나 중국으로 갔다. 1927년과 1930년에 한 번씩 귀국, 그리고 "황색 탐험"[33]에 참가했고 1932년엔 4개월간 파리에 머물렀다.

 한편 장따 여사는 계속 일하면서 자신의 영향력을 넓혀나갔다. 그리고 떼이야르 신부에게 자기의 갖가지 활동 상황을 끊임없이 알렸다. 그러면 그는 항상 세심하고 친절하게 여사의 말에 귀를 기울여 용기를 북돋아 주었고 귀국했을 때마다 그들은 만나서 서로 의견을 나누었다.

 1925년부터 장따 여사에게 새로운 활동이 부과되었다. 생각있는 여성 청강생들을 대대적으로 모아 그들의 사상과 영혼을 연마시켰다. 그리고 해마

---

32. Charles Foucauld(1858~1916): 프랑스의 자작子爵으로서 선교 탐험가였으며 신부가 되어 사하라 사막 한가운데까지 들어갔었는데 약탈자들한테 살해당했다.
33. Croisière Jaune: 프랑스 Citroën 자동차회사에서 주최한, 아시아에서 "실크로드"의 옛 발자취를 다시 밟는 두 그룹이 출발했던 대탐험(160쪽 ⓒ 참조).

다 "사순절 강의"로서 하나의 큰 주제를 두고 집중적으로 철학 강좌를 시리즈로 했다. 1929년까지는 『청년 평론』[34]사社에서 강의했고 1929년 이후부터는 마드리드 가에 있는 여사의 자택에서 했다. 강의 주제는 모두 자신의 지대한 관심사로서, 1925년에는 "자유의지에 관한 문제", 1926년에는 "신앙의 문제", 1932년에는 "블롱델[35]의 종교적 문제"를 다루었다.

때때로 청강생들을 위해 철학가나 작가도 초빙했다. 다니엘-롭스[36]가 마드리드 가에 와서 강의했고 앙리 구이에는 말브랑슈[37]에 대한 그의 멋진 박사 논문이 통과된 다음날 왔었다. 그리고 바뤼지가 십자가의 성 요한에 대한 대 저서를 완성하고서 여기서 그가 한 증언은 잊을 수 없는 것이었다. 도미니코 수도원의 총원장이 된 질레 신부 역시 이 집의 단골 친구였다.

외국에서도 여사를 방문하러 왔었는데 그중에는 스와즈모어Swathmore 대학의 노련한 로망어語[38] 교수인 브렁크 여사가 있었다. 이 교수는 장따 여사의 담화에 깊은 인상을 받았다.

1928년 베르그송이 노벨 상을 받았을 때 여사가 『신문학』[39]에다 그를 기리는 기사를 실었다. 베르그송은 그 기사에 대해 감사하면서 "내가 한 것은 아니라 해도, 적어도 내가 하고 싶어한 것만은 사실"이라고 시인했다.

수없이 글을 쓰고 또 많은 일을 하는 여사의 분주한 생활을 보고 떼이야르 신부도, 여사의 친구들이 잘 알고 있듯이, 그녀의 어깨에 놓인 짐이 얼마나 무겁고 또 타인을 위해 끝없이 봉사하는 일꾼 같은 노력이 얼마나 큰

---

34. *Revue des Jeunes*: 당시 도미니코회에서 펴내던 유명한 잡지.
35. Maurice Blondel(1861~1949): 프랑스 철학가로서 내재성 철학을 세웠으며 떼이야르 신부가 친구 발랑생 신부를 통해 그의 영향을 받았다. Henri de Lubac, *Blondel et Teilhard de Chardin*, Paris 1965 참조.
36. Daniel-Rops: 교회사 강의로 유명했다.
37. Nicolas de Malebranche(1638~1715): 프랑스 오라토리오회 수사이며 형이상학자.
38. 라틴어에서 파생한 프랑스, 이탈리아, 스페인, 포르투갈 말 등.
39. *Nouvelles Littéraires*: 당시의 문학 주간지.

가를 알았다. 여사는 모든 사람들을 일일이 응대하면서 문제를 들고오는 사람들에겐 적절한 충고를 주려고 노력했다. 그리고 가끔 기력이 쇠약해지는 자신을 일깨우려고 애썼다. 밤이면 글을 썼고 메모 수첩과 일지日誌를 낱낱이 검토했다. 그러던 중 여사가 잠행성潛行性 피로증에 걸린 것을 알게 되었다. 말하자면 육체의 태엽 속에 무언가가 느슨해졌다.

여사가 친구에게 이렇게 썼다. "정신없이 바빠 돌아갑니다. 흑인 노예처럼 일합니다. 그러나 이 높은 이념을 더없는 즐거움으로 생각하는데 시간이 부족해서 안타깝습니다. 하느님 저에게 시간을 아낌없이 주소서. 이것은 성 아우구스티누스의 소원이었지만 나의 소원이기도 합니다." 장따 여사는 기력이 줄어드는 것을 알고서 중얼거리듯 말했다. "하느님이 우리에게 일하라고 삶을 주셨습니다. 삶의 짐은 무겁지만 또한 즐겁습니다. 무겁다고 말한 것은 내 몸에 힘이 줄어들었기 때문이지요. 그러나 즐겁다는 말도 빠뜨리지 않습니다. 왜냐하면 우리가 일함으로써 얻게 되는 기쁨에 비할 수 있는 것이 아무것도 없기 때문입니다."

여사는 특히 비토리아 콜로나[40]에 관한 일대 연구를 잊지 않았다. 17년간 계속 추구했지만 끝을 맺지 못했다. 기막힌 연구였다. 떼이야르 신부가 여러번 여사에게 용기를 주면서, 선박에다 참고 자료의 화물을 지나치게 싣지 말고 과감하게 연구의 험한 바다를 항해하라고 권했다. 그러나 여사는 조사 연구를 배倍로 늘려 로마의 도서관들을 찾았고 1928년에는 플로렌스와 나폴리까지 갔다. 이것이 계기가 되어 그녀는 비오 11세의 사제서품 50주년 기념 해에 바티칸을 방문했다. 여사는 로마에 매혹당해 그곳 시민들과 길거리와 시가지에 친밀해졌다. 그래서 로마에 머물고 싶어했다.

로마가 지니고 있는 분위기의 독특성을 그녀가 얼마나 잘 간파했던가. "클라우디우스가 만든 수로水路의 해묵은 돌들이 천둥치고 비바람치는 하늘

---

40. Vittoria Colonna(1490~1509): 이탈리아 시인. 단테와 베아트리체를 떼어놓을 수 없듯이 미켈란젤로와 뗄 수 없는 구원久遠의 여인.

밑에서 어슴푸레 붉게 빛나고 있습니다. … 그런데 바로 이 순간에 한 목동이 양떼를 몰고 지나간다면 상징주의가 훌륭하게 비추일 것입니다. 위대한 인물, 순교자, 성인들의 기나긴 혈통이 바티칸에 우뚝 서 있는 불멸의, 만인의, 양¥우리로 모든 과거를 끌어다 놓았습니다. 수세기에 걸쳐 오늘에 이르기까지 최고봉인 크리스쳐니즘은, 지금의 목자가 베드로의 언덕에서, 옛날 양치기의 막대기 대신 교황 지팡이와 교황 관을 갖추고 있는 바티칸에 의해 이루어졌습니다."

장따 여사는 모르는 나라를 여행하면서 마음이 새롭게 되는 것을 좋아했다. 자연을 사랑했고 시골과 농부들의 일을 존중했다. 휴식도 좋아했다. 휴가를 가지게 되면 맨 먼저, 친구 폴리냑 부인의 아름다운 라 불트 성으로 왔다. 성 아래로는 롸르 강이 흘렀다. 여사는 이 성의 어마어마한 장서에 파묻혀 열심히 일했는데 이 집에 사는 사람들이 모두 여사의 이런 태도를 높이 평가했다. 마르그리트 테이야르의 소유인 르 샹봉[41]도 여사가 좋아한 곳 중의 하나였다. 캉탈 산악지대의 푸른 산속에 집이 숨어 있는데다 리오랑 산이 바로 가까이 있었다. 이 고장의 건장한 시골 농부들과 그들의 고된 일들을 사랑해서 "산속에서"라는 제목의 기사를 쓰면서 농부들의 이야기를 많이 했다. "또 한 계절을 이 산에서 지냈습니다. 주위 풍경과 이곳 생활방식이 서로 잘 어울리는 아름다움이랄까 … 그것을 떠올려 봅니다."

가을이 오기 전에 그녀는 지롱드에 있는 친구 집들과 친척들이 사는 샹티이로 갔다.

아무튼 그녀는 국경 밖으로 벗어나기를 좋아해서 때로는 스위스로 르 맛송 부인을 만나러 갔고 베르그송을 방문하러 베베에도 갔으며 때로는 다르칸느 부인과 함께 스페인으로 가기도 했다. 1930년에는 이베리아 반도를 북쪽에서 남쪽까지 편력했다. 몽세라에 잠시 머물렀을 때는 감격해서 어쩔 줄 몰라했다.

---

41. Le Chambon: 오베르뉴 지방에 있는 호수.

그녀에 관한 에피소드가 있는데 자신은 이 이야기를 남에게 하지 않았지만 친구 중 한 사람이 그것을 보물처럼 간직하고 있다가 얘기했다. 그라나다에서의 일이었다. 어느 날 저녁을 먹기 위해 호텔의 살롱을 지나갔는데 미지의 이 여인이 어찌나 매력적이었던지 게다가 그 아름다움이 얼마나 품위가 있었던지 그날 저녁 살롱에 있던 사람들이 모두 동시에 일어나서 여사에게 묵묵히 경의를 표했다는 것이다.

그녀는 예순의 문턱에 들어서서도 조화있는 아름다움을 간직하고 있었는데 그렇게 되기까지 그녀가 어떠한 노력을 쌓았는지 사람들이 알기 때문에 감탄해 마지않았다. "여권주의의 심리학"에서 "여자의 삶이란 하나의 예술작품과 같아서 매순간 영감과 훈련을 요구하는 작업이다"라고 그녀가 썼는데 이 말을 스스로 실행에 옮긴 것이 아니었을까?

이 무렵 떼이야르 신부는 탐험작업을 계속했다. 우선 중국에서 천진, 북경 그리고 티벳과 만주 고비로 가는 행로들을 답사했다. 미국인과는 친밀한 관계를 가졌기 때문에 미국 탐험가들과 학자들 사이에서는 자신이 이방인이란 느낌을 한 번도 가지지 않았다. 재차 또 북경에 갔다. 때로는 중국 땅에 갇혀 있는 것처럼 느끼기도 했지만 반면에 같은 일을 하는 동료들을 만나 보람을 느끼기도 했다. 카네기 재단에서 중국의 "척추동물"과 "화석인류"에 관계되는 연구를 감독해 달라고 그에게 부탁한 것이 그 예이며 잇달아 그는 중국 지질학 연구소의 감독 일도 맡았다. 1931년엔 아르트가 이끄는 "황색 탐험"에 참가하여 파미르 고원에서 오는 그룹과 합류하기로 되어 있던, 북경에서 출발하는 그룹에 끼여 있었다. 탐험 도중 예기치 않았던 일들이 되풀이되었을 뿐 아니라 흥미진진한 것도 많이 발견했다.

1932년, 프랑스에 몇 주간 머물기 위해 돌아왔을 때 그는 정말 놀라울 만큼 깊고 오묘한, 원숙한 신사가 되어 있었다. 연륜과 삶이 그에게 신비스런 인장을 찍어놓았었다. 그리고 무엇인가가 정련되어 있었고 또한 영성화靈性化되어 있었다. 드 몽프레드가 아비씨니[42]로 그를 초청했을 때, 이렇게 말했던 것이 이 무렵이다. "후리후리하게 키가 크고 정력적인 이 양반을 유심히 보았더니 절로 호감이 갔다. 나이에 맞지 않는 골 파인 주름살이 뚜렷한 그의 얼굴은 마치 단단한 나무를 깎아 조각한 것 같았다. 반짝반짝 날카롭게 빛나는 두 눈은 뭔가를 웃고 있었는데 빈정대는 투는 전혀 없었다. 말할 때는, 열중하고 몰두하는 사람들이 모두 그렇듯이 강렬했고 활기가 넘쳤다. 그의 말은 절실하고 열렬해서 사도들의 말처럼 설득력이 있어 듣는 이의 영혼으로 깊이 파고들었다."

떼이야르 신부는, "황색 탐험"에서 있었던 일, 중국사람들의 생활에서 가장 본질적인 특징 같은 그런 외부적인 화제만 언급했었다. 그런데도 듣는 이들이 그의 말을 통해서 그의 내부에 어떤 변화가 있었던가에 특히 관심을 기울일 만큼 심오한 것이 엿보였다.

그는 깊이 명상했고 심사숙고했으며 글을 많이 썼다. 「르 페노멘 위멩」[43]은 이미 완성했고 「르 밀리외 디뱅」Le Milieu divin의 초안도 잡아놓았다.[44] 심사숙고하는 그의 태도와 그의 비전의 큰 줄기가 명백하게 나타났다. 그런데 장따 여사의 살롱에서는 광범위한 순수이론에만 사람들이 귀가 익었지 그와 같은 우주적인 화제는 들어본 적이 없었다.

그는 복잡·난삽하지 않은, 단순화된 사람이었고 점점 익어간, 위대한 사람이었다. 모든 것이 그에겐 생각할 거리였다. 그래서 그는 그대로 지나쳐 버릴 수 있는 진부하고 습관적인 것에 대해서도 차츰 의문의 질문을 제기할 줄 알았다. 평범한 일상생활과 매일 부딪치는 사소한 모든 것에서 숙고할 문제와 신비스런 것들은 생겨났다. 그가 이야기한 것을 보자. "하늘과 바다, 생명이 웅성거리며 미끄럼 타는 바다, 살아 있는 두터운 보褓, 생명의 군집이 빽빽하게 율동하는 하늘과 바다. 갈매기의 신비스런 움직임과

---

42. Abyssinie: 에티오피아의 옛 이름.
43. *Le Phénomène humain*: 158-9 171쪽 참조. 이것의 완성이 1938년에서 1940년으로 되어 있다(*Le Phénomène humain*, Edition de Seuil 1955, 332쪽 참조).
44. *Le Milieu divin*: 108 158-9 171쪽 참조.

생김새는 또 얼마나 놀라운지. 바로 이 선박은 어떻게 만들어졌소? 우리 정신 중에 가장 몹쓸 약점은 가장 중요한 문제들을 깨닫지 못하는 그것이오. 이 가장 중대한 문제들은, 가장 익숙하고 평범한 모습으로 우리 앞에 나타나기 때문에 그렇다오. 내가 얼마나 여러번 갈매기떼를 보고서도 또 얼마나 많은 사람들이 역시 보았는데도, 갈매기와 더불어 나는 신비는 알아보지 못했소."

그의 정신적 삶이, 쌍을 이루는 두 봉우리의 지배를 얼마나 많이 받고 있는지를 스스로 깨달았다. 한 봉우리는, 세상에 활기를 불어넣어 주시는 우리 구세주에 대한 무한한 신앙이며 다른 봉우리는, 하느님이 활기를 주신 세상(특히 인간 세상)에 대한 확실한 믿음이었다.

그렇다. 그는 세상의 앞날을 믿었다. 인류가 일치를 향해, 형제애의 길을 향해, 사랑을 향해, 한 걸음씩 서서히 나아가는 이 전진을 믿었다. 세상도 하느님의 뜻도 미완성으로 끝날 수 없고 실패로 끝날 수 없다. 모든 것이 그리스도 안에서 완성된다. 인간의 중요성은 본질적인 것이다. 개개인은 자기에게 주어진 길을 따라 하느님의 창조 역사에 일치하도록, 창조의 무한한 기쁨에 사로잡히도록 일해야 한다.

"떼이야르식" 어휘와 표현이 가끔 그의 사상을 이해하기 힘들게 하지만 그의 조감도는 너무나 환하다. 그는 창세기의 하느님과 세상의 수리공이신 그리스도, 즉 세상을 완성시킬 수 있는 오로지 한 분인 그 그리스도를 지극히 찬양했기 때문이다. 우리 대상隊商은 모두 그리스도를 향해 걸어간다. 이 신비롭고 영적인 최종 목적이 없다면 세상은 숨이 끊어질 것이다.

떼이야르 신부의 사랑이 깔린 고결하면서 대담한 사상에 장따 여사는 열성적이었다. 언제나 우리에게 큰 소망과 더 높은 사랑을 가지게 하는 이 사상에 그녀는 주석을 달고 질문했으며 더 분명하게 밝혔고 참여했다.

"저는 점점 더 이 사상의 움직임에, 이 정신적 태도에, 너무도 기이한 힘이 담겨 있는 이 말에, 그리고 이 학자의, 이 사제의, 이 시인의 지적이며 영적인 모든 상승上昇에 스스로 주의를 기울입니다."

이 신부는, 토론하는 태도도 훌륭했거니와 상대방 생각의 방향과 색조를 동시에 유의하는 점도 훌륭했다. 그는 인간 정신의 무한한 다양성을 진실로 파악했기 때문에 개개인이 실재에 다가가는 나름대로의 방법과 진리를 찾는 독창적인 방법을 잘 알고서 존중했다. 다시 말해서 그는 어떤 것도 무시하지 않고 그 누구도 모욕하지 않는 그것이야말로 참으로 중요함을 잘 알았다. 토론이란 의견을 달리하는 상대방을 이겨내려는, 그리고 자기 자신의 논의를 상대방에게 주입시키려는 변증법적 놀이가 아니다. 자기의 모든 생각 중에서 진실의 골자를 파악하여 그것을 입증해야 하며 자신의 확실한 신념을 솔직하게 피력해야 한다. 상대방 역시 가능한 한 자기 자신을 가리지 않고 내보여야 한다. 떼이야르 신부는 남의 이야기를 잘 들은 후 자기와 의견을 달리하는 추리를 이해할 줄 알았으며 또 대화를 경청하면서 항상 자신을 키워나갔다. 그런데 그가 상대방의 대화를 재촉할 때면, 항상 자신의 생각과 같은 방향으로 그를 끌어들였고, 또 상대방이 대화를 진행하면서도 자기 자신에게 충실하도록 그리고 어느 주어진 순간이 오면 수렴收斂이 있음을 확신하도록 이끌었다. 그의 말은 열렬해서 듣는 이의 마음을 사로잡았으며, 단호하면서도 남의 말을 존중했다. 그러나 때로는 자신의 뜻과는 달리 상대방을 꼼짝못하게 했다.

가끔 떼이야르 신부가 여러 그랑 에콜[45] 학생들 앞에서 자신의 생각을 설명했는데 그럴 땐 방대한 총설義說을 열성적으로 학생들에게 제시하면서 못내 즐거워했다. 우주가 우리 앞에 있다. 사랑받고 세례받을 모든 우주가, 마치 영혼의 성스러운 비상飛翔을 위한 훌륭한 먹이처럼 우리 앞에 있다. 그리고 우리는 인간의 사랑과, 인간 에너지의 찬란한 증거로 둘러싸여 있지 않은가. "오직 그리스도 안에서만 틀림없이 완성될, 엄청나게 많은 올

---

45. Grand École: 전문분야를 위한 단과대학 같다. 여러 과학전문학교(Grand école scientifique)의 재학생들과 졸업생들이 U.S.I.C.(가톨릭 기술자 연합회)의 회합에 가서 그의 강연을 정기적으로 들었다. 그리고 그는 고등사범학교(École normale supèrieur)에 가서 강연했다(*Un prophète en procès: Teilhard de Chardin*, 100쪽 참조).

바름과 아름다움이 역시 교회 밖에도 있소. 그러나 이 올바름과 아름다움은 존재하되 기다리고 있소. 그런데 만약, 우리가 전적으로 크리스천이 되고 싶다면, 또 우리가 이 올바름과 아름다움을 하느님의 것과 동화시키고 싶다면, 우리는 반드시 이 올바름과 아름다움에 공감해야 하오."

세상에 있는 고상한 것과 위대한 것은 모두 세례를 기다리는 후보자이다. 이 귀중한 보물들은 그 무엇도 잃으면 안된다.

이 뜨거운 가슴 한가운데 현실주의가 얼마나 있는지(사람들은 걸핏하면 그것을 무시했지만) 이 사고思考가 머나먼 과거에 잠겨 있는 것에 익숙해졌는데도 미래의 아득한 거리를 쉽사리 뛰어넘는 것 같았다. 그가 우리에게 말했다. "네, 그것은 진행입니다. 그러나 그 진행을 지나치게 속단해서 상상하지 맙시다. 왜냐하면 고결하고 덕망높은 이교도가 거리낌없이 노예를 거느릴 수 있었습니다. 그런데 오늘날 우리는, 마음이 어떻든 감정의 상태가 어떻든 그 누구도 감히 노예 운운할 수 없을 것입니다. … 전진이란 인류의 노력과 시도의 무한한 길, 그 노상으로 걸어가는 것입니다."

이와같이 떼이야르 신부는 모든 존재와 모든 선의의 노력에 공감했고 그래서 우러나오는 그의 위력이란 놀라운 것이었다. 그는 인간의 성실성과 개개인의 소명에 신뢰를 가졌다. 국한된 그룹 속에 갇혀 틀에 박힌 반대를 한다 해서 무슨 소용이 있는가? "꽉 막힌 우리의 카테고리, 우리의 상자곽 속에 들어앉아 우리가 질식하고 있소." 그는 숨어 있는 미덕, 알려지지 않은 천부적 자질, 각 인간의 긍정적인 면을 재빨리 간파하여 지지하고 옹호해야 한다고 생각했다.

또다시 그는 멀리 떠나 고독한 곳으로 갔다. 1935, 1937, 1938년에 장따 여사와 떼이야르 신부가 몇 번 만났지만 기껏해야 두 사람이 자기 생각의 새로운 동향을 서로 교환할 시간밖에 없었다. 황혼이 다가오자 두 사람은 멀지 않아 자기들이 서로 만나지 못하리라는 것을 느꼈다. 1938년에 그들이 만났을 때 그것을 예감했고 급기야 마지막이 되었다. 그후 2차 대전 기간 동안 떼이야르 신부는 중국에 억류되어 있었다.

장따 여사는 극도의 피로에 짓눌리면서도 자기의 고된 일을 계속해 나갔으며 1934년과 1935년엔 철학 강의를 했다. 1934년엔 "베르그송에 있어 종교와 도덕의 원천"이란 제목으로 강의했고 다음해엔 "베르그송과 블롱델에 있어 하느님의 문제"를 강의했다. 베르그송은 장따 여사가 자기의 최근 저서와 그 속에 담긴 사상을 열심히 소개하는 것을 알고서 기뻐하며 그녀에게 이렇게 썼다. "그 책에서 논의한 주제는, 내가 잘 알고 있지만, 여사의 관심사 중 항상 첫째가는 그것이었소."

그녀는 할 일이 수없이 많은데 그것을 어떻게 해낼 것인가 스스로 물어보았다. 학교 강의며 써야 할 원고며 학생들을 만나야 하는 이런 일들 때문에 조금도 쉴 틈이 없었다. 비토리아 콜로나 연구를 위해 시간을 낼 수 없는 것이 몹시 안타까웠다. 그러나 용기를 잃지 않았다. 그렇다고 일을 가리지도 않았다. 자신의 어깨에 놓인 짐을 끝까지 지고 가야 했다. 그러나 그녀는 전 생활인 강의며 학교 수업(다시 맡은 정규 수업)을 점차 거의 포기하지 않으면 안되었다. 기력이 쇠잔하여 5년 동안 앓았다. 육체적으로는 고통스럽지만 영적으로는 오르막길이던 이 시기에 새로운 친구로서 성녀들에게 전념했다. 여사가 「여권의 심리」에서 "위대한 여류 천재는 잔 다르크와 시에나의 카타리나 같은 성녀들이다"라고 말하지 않았던가?

장따 여사는 오딜 성녀[46]와 모니카 성녀를 생각하며 말년을 보냈다. 마지막으로 집필했던 책 두 권은 이 성녀 두 분에게 바친 것이었다.

옛날에 알고 있었던, 알사스의 자기 친척인 오딜 성녀를 그녀가 다시 접했다. 그래서 기쁜 마음으로 스트라스불그, 오베르내,[47] 몽 생트 오딜을 찾았다. 어린 시절의 감동을 가지고서 "하느님의 태양", 대수녀원장인 오딜을 다시 접한 것은 이 높은 산속에서였다. 두 나라와 두 백성의 경계선상에 평화의 중재자로서 오딜 성녀에게 그녀는 간청했다.

---

46. Odile(660~720년으로 추정): 프랑스 알사스 지방 Adlric 공작의 딸이며 수녀로서 기적을 많이 행했다. 알사스의 주보성녀.
47. Obernai: 알사스 지방 도시로서 성녀 오딜의 수도원 Mont-Sainte-Odile이 있다.

그녀는 마지막 두 해를 심한 고통중에 모니카 성녀에게 모두 바쳤다. 1941년 그녀의 저서[48]가 출간됐을 때 모두 말하기를 쟝따 여사가 성녀의 묵상을, 아우구스티누스 성인의 정신과 투쟁을 다시 찾으려고 전심전력했다고 했다. 그녀 자신이 그 경지까지 도달하여 스스로 실현했기 때문이다.

신비스런 변화가 그녀에게 일어나 모든 자연계가 마음 속에서 승화하는 것 같았다. 사실상 아팠지만 겉으로는 여전히 민첩하고 활발했다. 다른 사람들에게 충고와 사랑을 정성껏 베풀면서 끊임없이 약진했다. 그런데 한 가닥 고독이 그녀를 따라왔다. 여사가 이렇게 말했다. "우리 얼굴은 시들어지고 우리 기력은 쇠잔해지지만 자아는 더욱 확실해집니다. 확실해진 자아가 고독을 창조하지만 이 고독 속에 기막힌 고귀함이 있지 않습니까?"

가족과 친지들이 그녀를 감쌌고 모두 전력을 다했다. 그녀는 이 아름다운 인정에 기뻐하며 감사했다. "하느님은 당신의 이 피조물이 항상 불안해하고 의심이 많고 믿음이 없어 당신께 자신을 내맡기지 못할 잘 아시면서도 훌륭한 친구를 많이 주시어 살아가게 하셨습니다."

그녀의 조카, 질녀들, 일생의 친구인 마르그리트 테야르, 다르칸느 부인, 모리스 도네, 친절한 뮈니에 신부, 이렇게 모두 가까이 있었다. 베르그송은 마음대로 행동할 수 없었기 때문에 마드리드 가에 올 수 없었고, 1938년 4월 24일 여사의 방문이 그들의 마지막 만남이 되었다. 그때 두 사람이 오래 이야기를 나누었는데 여사는 한 번도 대화의 내용을 입 밖에 내지 않았다. 그녀의 임종 무렵 세르틸랑즈 신부가 와서 여사를 위로했다.[49]

그녀는 언제나 선의善意의 일꾼이었다. 평범한 노동에 한몫 끼여, 노력을 거부하지 않았다. "할 일이 엄청나게 많습니다. 나 같은 보잘것없는 일꾼은 약간 — 아니, 약간이 아니라도 좋습니다 — 의 좋은 일을 하기 위해 한 순간도 놓치지 않고 노력해야 합니다. 선의는 바로 이런 것입니다. 이 선의에서 하느님이 커다란 선을 끌어내실 수 있습니다."

---

48. 37쪽 참조.   49. 196쪽 참조.

어느 친구에게 그는 이렇게 썼다. "잡다한 일에 지나치게 몰두하다 보니 중요한 일엔 충분히 시간을 낼 수 없습니다. 오늘 아침미사 때 곰곰이 생각했습니다. 자신을 심하게 꾸짖었지요. 나를 더 개선해서 조금이나마 정신적으로 향상해야겠습니다. 우리는 하느님께로 인도해 주는 그 길로 더 가까이 걸어갑니다. 하느님의 시선을 보지 못하게 나를 가리는 방해물들을 내가 없애지 않고 지니고 있습니다. 어디나 따라다니는 이 방해되는 '나'를 제거하여 나를 한결 더 편하게 하고 싶습니다. 우리의 자아와 하느님께로의 도약跳躍 사이에 가리개를 세우면 결코 안됩니다."

1941년, 같은 시기에 앓고 있던 친구에게 이렇게 썼다. "나도 당신과 같이 기도합니다. 예수의 십자가와 우리의 십자가에서 또 곳곳에서, 거듭 외치는 기도 소리가, 우리에게, 우리 아버지 가슴에까지 사무쳐 들려옵니다. 그래서 희망이 내 안에서 다시 살아납니다. 나는 그분의 팔에 안겨 살아갑니다. 사랑이 넘치는 그분의 가슴에 머리를 기대고 나는 부활을 기다립니다. 부활은 있습니다. 믿음과 소망을 항상 우리 마음에 지닙시다. 언제나 더욱 사랑하고, 더 사랑합시다. 사랑하는 사람이 고통을 당할 때 서로 얼굴을 마주하여 고통을 함께 나눈다면, 우리의 모든 것을 사랑하는 사람에게 바친다면, 그 고통이란 무엇이겠습니까? 연옥의 고초를 이 땅에서 우리가 미리 겪을 때, 하늘나라를 잠깐이나마 생각합시다."

또 다른 친구에게 말했다. "나와 함께 하느님께 감사드립시다. 지금 그분의 은총이 내게 가득합니다. 나는 아직까지 가장 행복한 사람입니다."

성령강림절은 그녀에게 "빛"의 축일이었다. 이 축일이 올 때마다 "성령께 기도드립니다. 빛의 성령이여, 평화의 성령이여, 힘의 성령이여, 내게 오셔서 일깨워 주소서. 오늘의 축일이 얼마나 기쁜지요" 하고 그녀는 외쳤다.

이 성령에 안겨 여사가 세상을 떠났다.

같은 시기에 떼이야르 신부는 전쟁에 묶여 머나먼 이국에서 가족·친지 소식이 거의 끊긴 채 불안하게 지냈다. 그는 새로운 나라들, 인도, 말레이시아,

버마를 편력했다. 쟈바도 갔고 프랑스에는 1947년에야 돌아올 수 있었다.[50]

내가 그를 다시 본 것은 이 무렵, 중병을 치르고[51] 미국으로 떠나기 전 『에튀드』[52]에 실린 글을 보았을 때다. 그가 남아프리카로 두 번, 마지막 탐험을 떠난 것은 미국에서 출발했다.[53] 그는 물론 인내력이나 아량, 초탈에 있어 얼마나 위대했는지. …

풍경의 아름다움이나 외관적인 모든 미에 황홀해하던 그가 차츰 달라졌다. 그는 이 큰 변화를 인정했다. "인위적인 빛은 지난날 내게 모든 사물의 표면만 비춰주었소. 그런데 지금은 그 빛이 더 깊은 곳까지 비추오. 그래서 이젠, 내가 좋아하는 것이 눈에 보이는 그런 것이 아니오. 이와같이 모든 인간의 기호가 틀림없이 한 영역에서 다른 영역으로 옮아가오. 그것은 다른 지역에 대한 매력일 것이오. … 육체의 노쇠는 법칙상 우리 정신의 자연적인 초탈과 동시에 일어나는 것이 아니겠소? 아마 그럴 거요."

점차적인 이 해탈을 확인하고서 그가 명상했다. "살아갈수록 참된 평화란 '자기 자신을 포기'하는 데 있다는 것을 더욱 느끼오. 말하자면 흔히 말하는 행복이나 불행이 조금도 중요하지 않음을 절대적으로 시인하는 데 있다는 것이오. 개인적 성공이나 만족이란 그것이 이루어졌다 해서 마음 둘 가치도 없거니와 이루지 못했거나 지체된다 해서 고민할 것도 못 되오. 오로지 하느님 안에서 세상을 위해 성실하게 움직이는 이것만이 유일하게 값어치가 있소. 이것을 알고 또 그렇게 살기 위해서는 넘어야 할 일종의 문턱이 있으며, 한번 자신이 거꾸로 뒤집혀져서, 평범하게 보이는 인간사를 묵묵히 감내할 수 있어야 하오. 일단 이것을 체험하면 일을 하는 데, 사랑하는 데, 그 얼마나 자유로운지 모르오. 이젠, 무사무욕無私/無慾이 온통 내

---

50. 1939~1946년, 이차대전으로 떼이야르 신부가 북경에서 움직이지 못했고, 1946년 3월 북경을 떠나 프랑스에 돌아온 것은 이해 1946년 5월 초순이다.
51. 1947년 여름, 4개월간 심장병을 앓았다.
52. *Études*: 예수회에서 출간하는 잡지. 지금도 있다.
53. 1951년 7월에 남아프리카를 거쳐 추방지 미국으로 떠났다.

삶을 지배하고 있소. 이것이 나를 위해 점점 커져가는 것을 내가 느끼오."

포기. 초탈. 한 영혼이 다른 빛을 준비하고 있었다.

그를 생각하면 제일 먼저 떠오르는 것은 직책이나 수도회가 부가하는 갖가지 카테고리를 조금씩 떠나버린 놀라운 인간이었다는 것이다. 그는 주변의 모든 사람에게 똑같이 친절했다. 조국과 가까운 사람들에 대한 애정도 변함이 없었다. 미래를 한없이 갈망하면서 모두에게 자신을 활짝 열어놓았다.

나는 기억하고 있다. 그는 환상이 전연 개입되지 않은 낙천가였고 관대했고 엘리트였다. 자신의 형제인 전 인류에게로 얼굴을 돌려, 시인이 창조하는 어휘로써 먼 바다로 가는 평탄한 해로를 그들에게 제시했다. 그리고 뱃머리에 서 있는 키잡이로서 새로운 대지를 발견하여 알려주었다.

그리고 또 기억하고 있다. 한번 그를 보았을 때다. 내가 그에게 여러 젊은 노동자들을 위해 옥외에서 미사를 집전해 달라고 부탁한 일이 있다. 그는 자기의 미사가 자신의 삶이었던 사람으로 성찬을 봉헌하는 그의 시선은 깊숙이 내면을, 또 보이지 않는 실재를 향했었다.

"온 세상으로 함께 드리는 미사"[54]를 떼이야르 신부가 일생 동안 바쳤다. "하루가 시작하는 오늘을 거룩하게 하기 위해" 대지 위 몇 곳에서 이 미사를 드렸다. 우리는 그의 훌륭한 봉헌기도문 oblation을 항상 재독할 것이다. "주님, 지금 저에겐 면병도 포도주도 제대도 또한 없나이다. 지난날 엔느[55]의 삼림에서 없었듯이 아시아 대초원에서도 역시 없나이다. 그러기에 상징을 넘어 존엄하고 진정한 실재에까지 제가 오르리이다. 그래서 당신 사제인 소인이 온 대지를 제대로 하여 세상의 노역과 고통을 바치리이다."[56]

1955년, 떼이야르 신부는 자신이 바라던 대로 부활축일에 운명했다.[57]

---

54. la Messe sur le Monde: 41 72 137 149쪽 참조.

55. Aisne: 프랑스 동북부 지방. 일차대전 때 떼이야르 신부가 참전했던 전선.

56. *La Messe sur le Monde*의 첫 구절이다.

57. 1951년 미국으로 추방. 추방지 뉴욕에서 1955년 4월 10일 오후 6시 부활축일에 서거했다. St. Andrew on Hudson 예수회 묘지에 안장되었다.

장따 여사에 관한 이야기 중 일부는 여사와 절친했던 의사인 다르칸느 부인이 집필. 아직 간행되지 않은 전기에 힘입은 바 크다. 다르칸느 부인이 기안한 원고를 내가 이미 읽었기 때문에 그 책이 출간되기를 바라 마지않는다. 왜냐하면 이것은 1900년에서 1940년까지 프랑스 여권운동을 이해하는 데 매우 중요한 자료로서 당시의 시대상이 선명하게 수록되어 있기 때문이다.

출간된 레옹틴느 장따 여사의 저술들

La renaissance du stoïcisme au XVIe siècle(16세기 스토아 철학의 부흥), 박사학위 논문, Paris, Champion 1914.

Manuel: 16세기 앙드레 드 리보도André de Rivaudeau의 에픽테토스 「어록」을 불어로 번역하고 서론을 썼다. Paris, Champion 1914.

"L'activité féminine de demain"(내일의 여성 활동): *Revue des jeunes,* Paris 1919.

Psychologie du féminisme(여권의 심리), Paul Bourget의 서론, Paris, Plon 1922[4].

La science et l'amour(학문과 사랑), 소설, Paris, Plon 1921.

La part du feu(포기), 소설, Paris, Plon 1927.

Sainte-Odile(성녀 오딜), Paris, Flammarion, coll, "les pèlerinages" 1931.

Sainte-Monique et son fils(모니카 성녀와 그의 아들), *la mère chrétienne*, Sertillanges의 서론, Paris, Plon 1941.

신앙의 시련

앙리 드 뤼박[1]

타계한 지 떼이야르 드 샤르댕 신부는 10년이 되었고 레옹틴느 장따 여사는 23년이 넘었다. 그분들이 서신왕래하던 시대도 당시 사람들도 더불어 사라졌다. 그래서 이제는 이 편지를 출간해도 무방하리라. 어떤 의미에서 오히려 시기적절하다 하겠다.[2] 떼이야르 신부의 수많은 글이 이미 상당히 주목을 끌었는데,[3] 그것은 그의 사상뿐 아니라 그분의 삶과 심오한 생각 때문이다. 그러나 어떤 사람들은 사실이 사실인데도 항상 무시하거나, 아니면 사실에 근거를 두면 명확히 이해할 수 있는 것마저 외면해 버린다. 이 책에 수록된 서한만 보더라도 중요한 요점이 뚜렷하게 드러나 있기 때문에[4] 기본적인 여러 가지 점에 대해선 더 정확하게 헤아릴 수 있을 것이다.

※ 이 글의 각주는 다음 쪽의 하나(*표)만 제외하고 모두 역자가 달았다.

1. Henri de Lubac(1896~1991): 예수회 신부로 유명한 신학 교수. 1950년에 개혁자로 간주되어 리용에서 파리로 전임. 오랜 침묵 후 1958년에 리용에 재임. 1960년에 요한 23세가 공의회 신학 준비위원회의 고문으로 임명. 1969년에 바오로 6세가 신학자 세계위원회의 위원으로 선임. 발랑생 신부와 가까웠던 연유로 1922년에 떼이야르 신부를 알게 된 드 뤼박 신부는 1930~1949년에 계속 서신왕래가(40쪽 *표 각주 참조) 있을 만큼 두 사람이 가까웠다. 엄밀히 말해서 떼이야르 신부의 문하생은 아니었지만, 떼이야르의 종교적 사상을 총망라, 고증하여 한눈에 보여준 제1인자로 꼽힌다. 저서 중 떼이야르 신부에 관한 것으로 *La pensée religieuse du Père Teilhard de Chardin*, Paris, Aubier 1962 ; 그가 주해를 붙인 *Blondel et Teilhard de Chardin*, Paris, Beauchesne 1965 등이 있다.
2. 제2차 바티칸 공의회가 1965년에 끝났고 이 책은 1965년에 출간되었다.
3. *Le Phénomène humain*이 떼이야르가 서거한 해 1955년 12월에 Seuil 출판사에서 그의 전집 제1권으로 출간, 몇 달 동안에 읽기 어려운 이 책이 5만 권을 돌파했으며, 다음해 1956년엔 2권인 *L'Apparition de l'Homme*, 1957년엔 *La Vision du Passé* 등이 잇따라 나왔다.
4. 편지마다 요점을 Noir 신부가 약술해 주시어 끝에 실었으니 참조 바란다.

떼이야르 신부와 레옹틴느 장따 여사의 친분에 대해서는 로베르 가릭 씨가 우리에게 생생하게 중요한 점을 이야기해 주었다. 그러나 이 책에 실린 서한들을 보면 떼이야르 신부가 그 당시에 자기의 입장, 즉 자기 수도회와의 관계나 더 넓게는 교회와의 관계를 여러번 암시했으므로 출판사측에서는, 1924년에서 1938년까지, 떼이야르 신부의 상황을 그렇게 만든 직접적인 몇몇 중요한 사건을 상세히 이야기할 필요가 있다고 판단했다.*

1924년 11월까지는 떼이야르 신부에게 직접 중대한 일이 일어나지 않았다. 그러나 그는 모든 사람들이 자신의 "진화론"을 인정하지 않고 의심만 한다는 것을 오래 전부터 알고 있었다. 그의 「전선戰線에서 쓴 글들」*Écrits du temps de la guerre*을 보면 넉넉히 짐작할 수 있지만, 사실 떼이야르 신부의 영적 체험을 교회 입장에선 평범하게 볼 수 없었다. 이것을 본인 자신이 모르는 바가 아니었고 또 자기를 신임하는 모모 인사들이 이것 때문에 불안해하고 있다는 사실까지 알고 있었다. 당시 가톨릭 사회가 "무겁고 답답하고 편협하고 노쇠한" 면이 있었기 때문에 그는 가슴이 찢겨 때로는 "Cupio dissolvi!"[5] 하고 외칠 지경이었다. 1920년 여름 내내 친구 피에르 샤를르, 오귀스트 발랑생, 조셉 위비[6]를 염려해서 고민한 일이 있다. 교황청 비서인 메리 델 발 추기경[7]의 최고催告에 의거, 그들의 수도회 원장이 너무나 엄격한 말로 이른바 "신앙의 눈들"les yeux de la foi이라는 룻슬로 신부[8]의 학설을 금

---

* 여기 실린 서한 외에 Auguste Valensin 신부와 내게 보낸 편지 그리고 Claude Cuénot의 *Pierre Teilharde de Chardin*(1958)과 René d'Ouince의 *L'homme devant Dieu*에서 "L'épreuve de l'obéissance dans la vie du Père Teilhard de Chardin"(T. III. 331-46쪽. Collection "Théologie", Aubier 1964)를 특히 더 인용했다.

5. "(세상을) 떠나고 싶다!"라는 라틴어로, 필립비서 1,23에 나오는 바울로의 말.
6. Joseph Huby(1878~1948): 예수회 신부로 룻슬로와 동시에 그의 학설도 금지당했다. 1920년 연례 피정 때의 글에서 이렇게 쓰고 있다. "주님, 사람들이 내 눈을 후벼내서 이제 저는 가엾은 장님일 따름입니다. 그렇지만 당신 손을 잡았습니다. 그러니 당신을 놓치지 않으리다"(*Lettres intimes de T. de Chardin*, 69쪽).

지했기 때문이다. 그때 그는 불안한 조짐을 예감하며 발랑생 신부에게 이렇게 썼다. "내게 최악의 경우가 닥쳐 머나먼 벽지로 추방당한다면 그 유배지에서 내가 할 일이란 계속 공부하고 추구하는 것밖에 없을 것이오." 당시 분위기가 무겁긴 했지만 이 편지에 담긴 투로 보아 떼이야르 신부 자신의 상황은 그리 비극적이 아니었음을 충분히 간파할 수 있다.

갑자기 위기가 닥쳐오기 시작했다. 1920년 파리 가톨릭 대학에서 지질학 교수로 일했고 1922년 이학박사 논문을 아주 좋은 성적으로 통과, 학위를 받았다. 1923년과 1924년 강의를 쉬고 몽고와 중국 북부의 고대생물학 탐험에 동료인 리샹 신부[9]를 동행했다. 「온 세상으로 함께 드리는 미사」[10]는 그때 썼다. 약간 엄숙하고 열정적인 이 글엔 신비주의가 진하게 스며 있으며 그 무렵 떼이야르 신부의 침착하게 가라앉은 고요도 뚜렷이 엿보인다. 1924년 10월 파리에 돌아왔는데 11월 13일 리용[11]으로 급히 오라는 관구장 코스타 드 보르가르[12] 신부의 편지를 받았다. 첫번째 위기가 시작되었다.

2년 전, 교리교수인 동료가 간곡하게 요청했을 때 (떼이야르 신부는 이런 질문에 항상 시달렸다. 그는 아담과 이브에 대한 토론보다 「인간의 현

---

7. 떼이야르 신부의 친구이자 같은 대학의 교수인 Gaudefroy 신부가 떼이야르의 교수직 박탈 소식을 듣고 분개하며 예수회원들이 추기경에게 맞서면 꺾을 수 있다고 하자 Baudrillart 학장(42쪽 참조)의 대답. "자네 정말 추기경을 모르네. 그랬다가는 그 성격에 오히려 예수회를 폐쇄시키고 말걸세"(*Un prophète en procès: Teilhard de Chardin*, 106-7쪽). 떼이야르의 중국 추방은 물론 Merry del Val 추기경의 그에 관한 거부권 행사가 장본이었다.
8. Pierre Rousselot(1878~1915): 예수회 신부로 전쟁터에서 사망했다. 1910년 8월 5일 이래 그의 학설이 "새로운 견해"로 지목받았고 사후 5년인 1920년에도 그의 학설이 금지됐다. 그러나 「신앙의 눈들에 있어서 Newman의 영향」(1953) 등 1969년까지 그의 학설을 논한 글들이 나왔다.
9. Licent(1872~1952): 예수회 신부로 과학자.
10. *La Messe sur le Monde*: 36 72 137 149쪽 참조.
11. Lyon: 당시 프랑스 예수회의 네 관구 중 하나로 떼이야르 신부가 소속해 있었다.
12. Jean-Baptiste Costa de Beauregard(1877~1947): 떼이야르의 동창이며 친구.

상」 같은 글들이 훨씬 유용하다고 보기 때문에 이런 질문엔 마지못해 대답했다) 그는 샤를르 신부와 의견을 교환한 후 약간의 착상을 얻어 의견서를 작성, "원죄를 이야기하는 데 있어서" 세 가지 가능한 방향을 시사했다.[13] 그가 여기에 분명히 밝히기를 "이것은 최초의 어림셈으로서의 방향에 지나지 않으며 이와 같은 어림셈은 분명히 존속 가능성이 없다"고 했다. 그런데 이 원문이 드디어 로마로 들어가고 말았다.[14] 이것을 검토한 로마의 검열관들이 노발대발했다. 교황청 역시 덜할 리가 없었다. "원죄에 관해선, 교회의 전통적인 견해에 위배되는 것은 결코 말하지도 않고 쓰지도 않겠다는 약속을 내게 하라고 하오." 이때부터 번민과 고뇌가 비롯되었다.

> 이것은 너무 막연하긴 하지만 동시에 너무나 절대적이오. … 분명히 말하지만 다음 두 가지는 내가 꼭 확보해야 한다고 믿고 있소. ① 전문가들과 함께 연구할 권리(ex jure naturali). ② 난파한 배와 같은 처지에서 불안해하는 사람을 보았을 때 도움을 줄 수 있는 (사제로서의) 권리(ex jure sacerdotali)이오. 내게 서명하라는 서식을 다음과 같이 바꾸어 쓸 수 있도록 감형해 주기를 바라고 있소. "내가 노트에 적어둔 특별난 해설들을 퍼뜨리지 않겠다고 약속합니다."

떼이야르 신부는 1925년 한 해 동안 이 사건 때문에 남모르게 멍이 들었다. 검열관들이 새로 임명되었다. 로마의 엄격한 조치는 가톨릭 대학 학장인 보드리야르[15] 각하와 또 떼이야르 신부와 가까운 장상長上들의 노력에도 불구하고 조금도 누그러지지 않았다. 마침내 그는 여섯 가지 제의에 서명하지 않으면 안되었다. 그중 하나는 도저히 받아들일 수 없었지만 조언자

---

13. 이 글이 *Comment je crois,* Editions du Seuil 1969, 61-70쪽에 실려 있다.
14. 고발하는 것이 당연하다고 생각한 동료 예수회원의 밀고로 Lodochwaki 신부가 알게 된 것이 원인이었다(*Un prophète en procès: Teilhard de Chardin,* 106쪽 참조).
15. Mgr Alfred Baudrillart: 파리 가톨릭 대학 교수 명단에서 떼이야르 이름을 로마의 조치에도 불구하고 삭제하지 않았다.

들의 충고를 따라 체념하고 서명했다. 그런 후 중국으로 다시 떠나야 했는데 이번엔 추방이었다. 파리 교단에 다시는 서지 못하게 되었다.[16] 그가 받은 타격은 혹심했다. 1925년 5월 16일 발랑생 신부에게 편지를 썼다.

> 여보게 친구, 좀 도와 주오. 내가 그 앞에선 안 그런 척 좋은 얼굴을 했지만 마음속엔 돌풍이랄까 단말마의 고통이랄까 이런 것이 솟구쳤소. 내가 어떤 식으로든, 반항하든지 혹은 떨어져 나간다면 (인간 본성대로 해버린다면 오히려 아주 간단하고 아주 "편할" 것이오) **우리 구주**께서 모든 일을 주관하심을 성실하게 믿지 않는다는 것이 될 것이고 또 이 **세상** 모든 구성 요소의 가치보다 더 우월하신 **그분**의 진가를 성실하게 믿지 않는다는 것이 될 것이오. 그걸 내가 알고 있소. 게다가, 내 사상의 종교적 가치를 … 도마 위에다 올려놓게 될 것이오. 그뿐이겠소? 교회와 멀어지고 교만해질 것이 뻔한 일이오. 가장 중요한 것은, 내 사상이 혁신적으로 보인다니까, 오히려 내가 그 사상 덕분에, 구식 사상의 소유자와 꼭 마찬가지로 성실하다는 것을 실례로 보여주는 이것이오. 바로 이게 내가 보고 있다고 믿는 바요. 그런데도 마음 한 구석엔, 어쩐지 그늘이 내리오. …

이때부터 실망스런 난관들이 그의 활동에 끊임없이 걸림돌을 던졌다. 유럽으로 돌아오는 계획들이 무산되었다. 베이루트[17]로 보내어 매장시키겠다는 일종의 협박이 있었는데 그러면 그는 "가르칠 수도 연구할 수도 없게" 될 것이었다. 계속적인 실망 끝에 「르 밀리외 디벵」*Le Milieu divin* 출판마저 마지

---

16. 당시 가톨릭 대학 학생뿐만 아니라 신학생, 사제, 교수들에게 그의 강좌는 인기가 대단했으며 "예수회원 진화론자"로 각광을 받고 있었다. 그는 "소심한 진화론자가 아니라 … 떳떳한, 공공연한 진화론자였다". 그의 진화론이란 "신학도가 용납할 수 없는 그런 진화론이 아니었다"(*Un prophète en procès: Teilhard de Chardin*, 100-3쪽 참조).

17. 이 당시 떼이야르 신부가 소속되어 있던 리용 관구의 직할이었다.

막 순간에 로마의 금지로 좌절되었다.[18] 출판위원회의 노파심 때문에 생물변이설에 대한 연구까지 막혀 버렸다. 1929년 12월 30일에 쓴 편지다.

> 「르 밀리외 디뱅」에 관해 루뱅[19]에선 말이 없소. 7월부터 인쇄에 부치기로 되어 있었지만 (마지막 순간에 꼬투리를 잡으리라 예상했소) 생물변이설에 관한 내 글은 (돕[20]과 마레샬[21]이 부탁했고 또 좋다고 승인했는데도) 말린느 교구 검열위원회가 가차없이 중단시켰소. 주교좌 성당의 어느 의심 많은 참사원이 의문기호와 감탄기호를 잔뜩 그려넣어 원고가 만신창이가 되었다오. 돕이 내게 미안하다는 편지를 보냈소. 이 일을 나는 담담하게 받아들였소. 그러나 어쨌든, 이토록 집요하게 방해하는 것이 정말 피곤하오. ⋯

---

18. 루뱅에서 영성 작품 수집을 담당하고 있던 친구 Charles 신부의 부탁을 받고 떼이야르 신부가 천진에서 1926년 11월 ~ 1927년 3월 피정 강의 원고들을 재정리하여 *Le Milieu divin*을 작성, 자기 소속 관구 리옹으로 보냄. 리옹에선 두 검열관이 검토하고 승인하여 루뱅으로 발송. 루뱅에선 작품 선택의 결정권이 있는 새 검열관(신학교수) 두 사람이 검토한 후 찬사를 연발, 그중 한 사람이 이렇게 썼다. "이 글이 내가 보기엔 정말 훌륭하고 힘차며 더없이 참신한 독창성이 있으면서도 전통 진리에 한치도 어긋남이 없습니다. ⋯ 되도록 빨리 출판되기 바랍니다." 그래서 1929년 7월 5일에 샤를르 신부가 *Le Milieu divin*이 곧바로 인쇄에 들어갈 것이라고 편지를 보냈다. 그러나 로마에 떼이야르 신부에 대한 조서가 있다는 소문을 알고 있던 말린느 참사원이 루뱅 신학자들을 신임하면서도 안전을 위해 로마에 재검토를 의뢰, 결국 로마에서 출판을 금지. 르네 뒤엥스 신부가 확신하는 정보에 의하면 금지 이유인즉, 가톨릭 정통교리에 어긋나는 점이 아니라 루뱅 신학자들을 황홀하게 한 참신한 독창성에 있었다. 신중을 기하는 로마에선 그 독창성이 독자들을 당황하게 할 우려가 있다고 출판을 시기상조로 판정했던 것이다(*Un prophète en procès: Teilhard de Chardin*, 142-3쪽 참조).
19. Louvain: 벨기에에 있는 대학교로 신학대학이 유명함.
20. Dopp: 예수회 신부로 루뱅에서 Charles 신부, Maréchal 신부와 함께 떼이야르의 글을 출판하기 위해 노력했다.
21. Joseph Maréchal(1878~1944): 예수회 신부로 1914년 전엔 생물학과 심리학 교수, 그후 루뱅 대학 철학교수. 떼이야르와는 1910년 9월 루뱅에서 알게 되었다. 그의 여러 저서도 「신앙의 눈들」을 쓴 Rousselot 신부의 사상이 들어 있다 해서 금지당했다. Charles, Dopp과 더불어 떼이야르의 글을 수정하고 출판에 노력.

얼마 되지 않아 「인간의 현상」에 관한 새로운 연구도 흡사한 난관에 부딪쳤다.[22] 그 다음엔 친구 에두아르 르 롸의 일 때문에 고민했다. 그의 저서 넷이 금서목록에 올라 몹시 가슴 아프게 했기 때문이다. 이 무렵 오귀스트 발랑생에게 "레옹스[23]가 말할 수 없이 그립소" 하고 심정을 털어놓았다. 그 신부 역시 그때까지 로마에 고발당한 채 풀려나지 않았다. 떼이야르 신부가 콜레즈 드 프랑스[24]에 내려던 교수 신청도 거절당했다. 끊임없이 자기를 의심한다는 것을 알았기 때문에 새로운 "제의"에 또 서명하라고 할까봐 때로는 공포가 일었다. 한편, 자기가 당하는 일보다 오히려 "교권지상주의" 풍조가 만연되는 것이 눈에 보여 훨씬 더 괴로웠다. 공격적 위치에서 말한다면 이 무렵엔 그 풍조가 사실이었다. 그가 말하기를 교권지상주의적 정신상태는 "수세기 전에 설립된 작디작은 세계의 가장 작은 기구들에 대한

---

22. 「인간의 현상」*Le Phénomène humain*은 중국을 점령한 일본 치하에서 북경에 억류되어 있던 떼이야르가 1938년에 시작, 매일 2쪽씩 써서 1940년 말경에 완료. 이것만은 출판 방해를 받지 않으려고 고심했다. 당시 프랑스가 독일군 점령하에 있어서 북경에 있던 떼이야르가 프랑스와의 교신이 어려운데도 소속 관구 리용에 편지를 간신히 보내어 로마의 검열을 주선해 주도록 부탁했다. 리용에서도 어렵게 로마와 접촉했는데, 1941년 3월에 보낸 회답에 유능한 검열관들을 시켜 그것을 검토하도록 하겠다는 약속을 했다. 그래서 즉시 원고를 타자해서(3부를 만듦) 같은해 3월에 1부를 미국으로 가는 친구에게 의뢰. 미국에서는 외교행랑으로 로마로 보냄. 1941년 4월에 로마에 도착한 *Le Phénomène humain*에 대한 답변을 1944년에야 알게 되었는데 교리와는 전혀 무관한 이 책도 출판이 거부되었다(*Un prophète en procès: Teilhard de Chardin*, 146-7쪽 참조).

23. Léonce(Léonce de Grandmaison, 1868~1927): 당시 교회나 수도회에, 특히 젊은이들에게 지대한 영향력을 가지고 있던 신부였다. 떼이야르와는 극히 가까운 사이로 선생으로서가 아니라 모든 것을 의논하는 사람이었다. "그 신부님은 나를 이끌어 준다고 내가 믿고 있다오"(*Genèse d'une pensée*, 357쪽).

24. Collège de France: 1529년 파리에 세워진 명문 사범학교. 떼이야르 신부에게 두 번이나 제의한 교수직을 로마에서 금지시켰는데, 그의 장상이던 르네 뒤앵스 신부가 이를 전하며 난처해할 때마다 떼이야르 신부가 오히려 위로하며 화제를 돌렸다(*Un prophète en procès: Teilhard de Chardin*, 128쪽 참조). 노년에 떼이야르 신부가 이 학교의 교수로 임명되었다.

존경을 가톨릭 정통 교리와 동일시"하려 한다고 했다. 그런데, 그의 "참된 그리스도교적 이상"이란 그것과 정반대되는 "전체주의로서, 규범이 되는 그리스도인들의 세계 안에 내포되어 있는 자원 전체를 확장·발전시키는 것"이었다. 그의 사상 중 어떤 부분은 사실 대담무쌍했다. 그로 인한 결과를 떼이야르 신부가 이해하지 못했기 때문에 장상들이 좁은 시야에 갇혀 있는 것 같아 괴로워했다. 또 장상들이 걸핏하면 문제점을 잘 모르는 소치로, 자신들의 안전을 도모하느라 자문위원들에게 문의하기를 맨 끝까지 미루는 일이 가끔 있어서 역시 괴로운 노릇이었다. 이런 연유로, 위에서는 그의 비약을 막기 위해 언명하기를, 떼이야르 신부가 속해 있는 수도원은 "선구자들"의 수도원이 아니라 "보수주의자들"의 수도원이라는 사실을 여러번 반복했다. 한번은 그의 활동 노선을 제시하기 위해 편지까지 보냈다. "가톨릭 학자에겐 필지必知의 규율이 있다. 이 규율은 무익한 작업을 가톨릭 학자에게 금지한다. 가톨릭 학자라면 가톨릭 교리에 상반되는 것은 모두 선험적으로 a priori 피해야 하기 때문이다." 이 말의 타당성을 떼이야르 신부가 수긍했지만, 그런데도 이 편지가 그에겐 "철저한 몰이해"의 증거로 보였다. 마치 하느님의 계시가 "탐구하는 인간의 노력을 합법적으로 덜어준 일이라도 있었던 것"처럼, 학문과 신앙의 도면을 이 편지가 뒤섞어 놓았기 때문이다. 그후 떼이야르 신부가 이렇게 말했다. "마치 우리가 실험의 땅 위에 원천이 다른 두 가지 빛, 즉 **발견한 것**과 **가르쳐 받은 것**[25]을 (같은 각도에서 같은 사실을 위해) 사용할 수 있는 것처럼 …." 이 말로 미루어보건대 일찍부터 떼이야르 신부가 불행히도 진화에 대한 모든 사상에 내려진 금지령을 예견했음을 우리가 인정하지 않을 수 없다.

여기서 간단히나마 몇 가지 사실을 상기할 필요가 있다. 그것은 떼이야르 신부가 편지에서 말한 어떤 판단과, 또 편지에 투명하게 나타나는 감정의

---

25. 발견한 것 le Trouvé (추구해서 얻은 것): 학문. 가르쳐 받은 것 l'Enseigné (계시에 의해 하느님으로부터 받은 것): 신앙.

빛깔을 독자들이 이해하도록, 더 나아가서는 교회와 예수회에 대한 떼이야르 신부의 한결같은 성실성을 높이 평가할 수 있도록 하기 위함이다.

떼이야르 신부가 "이 점에 대해선 포기[26]해야만 했다"라고 말했다. 무엇을 말하고 싶어했던가? 가장 거대한 집합체에 대해 그가 직업적으로 (이런 표현을 쓸 수 있다면) 숙고해 본 결과, 수도회나 교회 자체가 지금 그리고 여기서 hic et nunc 구체적 실재임을 인정하게 되었고, 아울러 그것이 지닌 모든 특수성(독자성)이 잠정적이긴 하나 그 역할은 막대하다는 것을 드디어 인정하게 되었다. 그리고 그들의 옹졸함이 인간이라 있을 수 있는 일시적인 실수 같은 것이 아니라 인간됨됨이가 정말 "옹졸"해서 그렇다는 것을, 떼이야르 신부는 알고 싶지도 않았는데 경험으로 터득하게 되었다. 이런 모든 형국에, 그는 가끔 좀 지나칠 정도로 주의를 기울였으며 또 나름대로 상황을 판단했다. 운명적 불행이 하느님의 섭리임을 명백하게 알았을 때, 결과적으로 빚어진 긴박한 사태를 그는 남자답게 받아들였다. 그리고 결코 자신을 스스로 격리시키지 않았다. 자기 수도회와 교회에 대해, "귀중한 보배임에 틀림없는, 자식으로서의 순진한 애정"[27] 같은 그런 마음을 그후로는 가지지 못했다 해도, 떼이야르 신부는 "더 높고 더 새로운 이유" 때문에 그만큼 더 강하게, 늘 애착을 지니고 있었다. 또 현실주의에 더욱 정통한 나머지 수도회와 교회가 가지고 있는 "종교적 경험에서 오는 경탄할 만한 보배" 및 "신격화神格化시킨 독특한 권한"[28]을 인정하게 되었다. 그래서 수도회와 교회에 대해 전보다 덜 본능적인 새로운 형태의 유대관계가 생겨났지만 결국 "진심에서 우러나오는" 관계가 되었다.

예수회를 향한 그의 충절은 조금도 변함이 없었다. "수도회를 떠나기 위한 행동은 아예 생각조차 해본 적이 한 번도 없소." 이것은 그가 1929년 7월에 한 말이다. 그후에도 떼이야르 신부의 이러한 근본적인 자세는 한결같았다. 자기 장상들과는 계속해서, 피차 신뢰하며 전과 같이 지내고 싶어

---

26. 155쪽 각주 2 참조.   27. 148쪽 참조.   28. 154쪽 참조.

했다. 무슨 중요한 계획을 세울 때면 반드시 장상들과 상의했고 그들이 전적으로 찬성하지 않는 한 어떤 것도 독단적으로 결정하지 않았다. 대담무쌍한 자기 사상을 장상들에게 숨기기는커녕, 오히려 그들과 함께 그것을 토론할 수 있는 적절한 때를, 또 사도직에 관한 자신의 원대한 계획마저 피력할 수 있는 그런 때를, 늘 찾았다. 우리가 앞으로 그의 뒷날에 관해 살펴보겠지만, 자기 장상들을 설득시키려는 노력과 희망(때로는 아이처럼 약간 어리석기도 한)을 떼이야르 신부는 결코 단념하지 않았다.

자기 수도회에 대한 이 성실성은 오로지 교회를 향한 그의 성실성에서 비롯된다. 여기서 우리가 생각할 문제는 무엇보다도 그의 솔직한 진심이다. 1927년 레옹틴느 장따에게 말한, "우리 자신에 대한 성실, 그리고 교회에 대한 애착, 이 두 실오라기 중 하나라도 놓침이 없이"라는 충고를 보아도 그 메아리를 들을 수 있다.[29] 또 덧붙이기를 "두 실오라기 중 그 어떤 것도 내가 끊을 수 없도록 기도해 주십시오"라고 했고, 2년 후 발랑생 신부에겐 이렇게 말했다. "앞으로는 내가 비난받을 행동도 하지 않도록, 곡해도 하지 않도록, 오로지 진실하도록, 더욱더 마음을 굳게 다진다오. 우리 주님의 전능하심을 우리가 믿는다면, 믿는 그만큼 주님께서는 내가 노력할 수 있도록 이끌어 주실 것이므로, 아무것도 파기되지 않을 것이오." 과연 말대로 되었다. 가끔 위기가 막바지까지 치닫기도 했지만 아무것도 파기되지 않았다. 오늘날 우리가 그의 가장 대담하고 어려운 이야기들을 빈축을 사지 않고 인증할 수 있는 것은, 떼이야르 신부가 선동이나 팜플렛 같은 안이한 (그리고 항상 피상적이고 천박한) 놀이나 또는 신랄한 비평을 시도하지 않았기 때문이다. 자기가 본다고 믿는 것은 가차없이 이야기했다. 그러나 그것을 자기 장상들이나 혹은 마음을 털어놓을 수 있는 사람들에게 비밀리에, 정식으로 양심보고[30]를 하듯, 그런 식으로 말했다. 그런데 만약 자기가 본다고 믿는 그것에 지나친 점이 있다고 생각되면 그 점을 들

---

29. 121쪽 참조.   30. comptes de conscience: 예수회원이 정기적으로 하는 것.

어 열심히 설명했는데, 설명하면서 가끔 억제할 수 없도록 고통스러울 때면 전율했다. 그리고 자기의 보편성 있는 비전에 따라 설명했지만 그 비전이 어쩌면 독단적(일방적)이라 오히려 약점이 되어 그의 입장만 난처하게 했다. 그러나 진실로 마음 밑바닥엔 언제나 지순하고 사욕없는 사도로서의 우려가 깔려 있음을 우리가 쉽게 알아볼 수 있다. 1926년 그가 내린 진단에 이런 말이 있다. "실제로 우리는 이제 '가톨릭 신자'가 아닙니다. 그러나 우리는 한 조직을, 한 종파를 지키고 있습니다." 1929년에 또 진단을 붙였다. 이것은 아마 그중 가장 심각한 것이라 생각된다.

> 내가 존재할 수 있는 유일의 사유는 "기회가 좋든 나쁘든"[31]이라고 반복하고 있는 한 음성이오. 즉, 오늘날 인류의 열망을 따라 교회가 새로 구현되기 위해서는 구두신학口頭神學이나 수량數量을 따지는 성사주의聖事主義로 이루어진 인조人造세계를 탈피해야 하며, 또한 교회가 둘러쓰고 있는 세련된 첨례瞻禮의 옷을 벗어야 하는데, 그렇게 되지 않는 한 교회가 곧 쇠퇴해질 것이라는 …. 물론 여기에는 역설이 있음을 충분히 간파하고 있소. 왜냐하면, 내가 그리스도와 교회를 필요로 한다면, 교회가 지워주는 전례와 성사와 신학의 짐을 지고, 교회가 내게 제시해 주는 그런 그리스도를 붙들어야 하기 때문이오. 바로 이것이 자네가 내게 말하려던 것이고 또한 나 자신이 여러번 생각했던 그것이오. 그러나 지금은, 세상을 구하기 위하여, 참된 그리스도교가 성직자들 손에서 "**그리스도를 구해내야**" 하는 바로 그 때요. 분명히 그 순간이 왔는데 나는 외면할 수 없소.

독자들이 잘 이해하겠지만, 위에서 말한 성직자들이란 떼이야르 신부가 옆에서 확인했던, 눈이 멀고 편협한 사람들로서 "모세 자리를 가로챈 자들"

---

31. "하느님의 말씀을 전파하시오. 기회가 좋든지 나쁘든지 꾸준히 전하고 끝까지 참고 가르치면서 사람들을 책망하고 훈계하고 격려하시오."(2디모 4,2).

몇몇을 가리킨다. 떼이야르 신부에겐 이들의 모든 지적 활동이 "대부분의 현대인이 이미 탈퇴해 버린 사상의 영역에 국한된 것"으로 보였고, 또 이들은 다른 성직자들이 자기들과 함께 같은 사상에 머물지 않는 것을 허용하지 않는 것처럼 보였다. 이들 연설가 및 작가들의 "죽어버린 타령"은 "종교적인 어떤 진액津液"으로도 물오르지 않는다. 그리고 이들에겐 "이미 수백 번이나 완전 소화흡수된 살아 있는 즙이란 전연 없는 몇몇 원리"밖엔 아무것도 없다. 그밖에 또 다른 유의 사람이 많이 있는데 이 사람들은 위에 열거한 이들과 한 부류를 이루면서, "19세기가 말소되리라는 희망, 과학과 혁명 이전의 행복했던 시대를 우리가 머잖아 되찾으리라는 희망을 남몰래" 간직하고 있다. 그중 상당수가 "이의를 제기하지 않는 착한 신자"일 수도 있다. 그러나 이들은 더하든 덜하든 막연하게 "뒤로 되돌아가기"를 기대하고 있다. 이들이 그렇다 해도, 아무튼 좋건 싫건, "우리는 점점 더 새로워지는 우리 인류의 세계를 향해 전진하고 있다". 그런데 이런 사람들 모두에게 위험이 깃들어 있음을 알아보고 떼이야르 신부가 이렇게 말했다. "이런 정신이 우세하다면 종말의 재변이 올 것이고 인류에겐 결정적인 분열이 생길 것이오." 그리고 결론짓기를 "그런 일은 있을 수 없소. 그러나 우리가 대항해서 싸우지 않는다면 있을 수 있는 일이오"라고 했다.

 문제는 바로 떼이야르 신부가 자기 사상을 나타낸 표현방식, 즉 모든 이들로부터 동의를 얻지 못했던 어투에 있었다. 그러나 교회 내에서도 같은 일을 두고서 사람마다 각기 다른 각도에서 모든 일을 관찰한다는 것을 우리는 잘 알고 있다. 떼이야르 신부의 표현방식을 앞으로 인정한다 해도 어차피 그것은 이미 지금 우리의 상황이 아닌 다른 상황에 해당하는 것이다. 어쨌든 그 말투는 신앙이 흔들거리는 사람의 것도 아니고 믿음이 없거나 사랑이 없는 사람의 것도 아니다. 그가 말했다. "공격할 수 없는, 진실로 아름다운 교회를 열망하오." 그런데 이 "공격할 수 없는"이라는 표현이 너무 부정적으로 들린다. 1926년 6월에 쓴 글을 보면 그리스도교에 대한 그의 이상적인 비전이 잘 나타나 있다. 그 비전에 떼이야르 신부가 헛된 환상[32]을 혼합할 수도 있다는 것을 세심하게 분석, 측정하는 일은 다른 사람들이 하도록 두겠소. 우리가 보기에 그 비전의 영감은 고귀하고 포용력이 클 뿐 아니라 거개가 역사적 사실에도 부합하고 또 가톨릭 전통에서 가장 위대한 인물들 중 어떤 이들의 사상과도 일치하는 것 같소.

> 내가 보기에, 오늘의 크리스처니즘은 전진과 동화의 주축이지 폐쇄적 조직체 같지는 않소. 이 주축 이외엔 이 세상에서 어떤 보증도 어떤 해결책도 내 눈에 보이지 않소. 그러나 이 주축 주변에 정통교리가 아직까지도 설 자리를 마련해 주지 않는 엄청나게 많은 진실과 자세attitude가 있음을 어렴풋하지만 알고 있소. 도저히 용납할 수 없는 의미를 함축하고 있는 용어를 내가 감히 사용할 수 있다면, 나는 요지부동, 자신이 "초超가톨릭"hyper-catholique이라 생각되오.

떼이야르 신부가 1919년 군복을 벗고 나서 1924년 그의 위기가 시작될 때까지 파리에서 지내던 무렵, 상황이 약간 팽팽하긴 했지만 그래도 비교적 평온했던 그 시절에 이미 역설을 느꼈거니와 그후에도 계속 느꼈다. "비합법적 편협이 끊임없이 포착되는 노후된 기관에, 내가 나의 실체 때문에 묶여 있다는 느낌이 드오." 교회에 대해서도 이처럼 조용히 가라앉은 어조로 다음과 같이 자기 생각을 밝혔는데 이런 그의 자세는 항상 변함이 없었다.

> 동시에 **우리 주님**은 참으로 또 오로지 당신 교회 안에 계시다고 생각하오. 그뿐 아니라 **그분**은 사람들이 말하는 것과는 판이한 것idem, sed ultra(같은 것이나 그 이상의 것) 같소. **그분**께 다다르려면 달리 방법이 없소. 안개 속을 뚫고 전진해야 하오. 더욱더 교회와 한 몸을 이루지 않고서는 그것이 불가능하오. 그러나 또 불가능한 것이 있는데, 그분이 당신 얼굴을 더 환하게 보여주시도록 갈구 않는 그것이오.

---

32. 여기서 환상chimère이란, 사자의 머리와 가슴, 염소의 몸통, 용의 꼬리 형상에 입으로 불꽃을 뿜는 그리스 신화의 괴물로서 그런 헛된 망상을 뜻함.

"편지엔 위험이 있을 수 있습니다. 왜냐하면 편지가 어느 순간의 느낌을, 그리고 그 순간에 우리가 지닌 생각의 단 일부분만을 가끔 전달하기 때문입니다." 떼이야르 신부의 이 말은, 곧 출판되어 소개될, 절친한 사람들 사이에 오고간 허물없는 사신私信을 읽게 되는 지금 독자들에게 하는 말이라 하겠다. 주인공 자신은 반세기 후에 이 편지의 기밀이 세상 사람들에게 누설되리라고는 상상도 못했을 것이다. 이 편지에 쓰인 어휘들이 항상 엄밀히 선택된 것은 아니다. 그리고 가장 격심했던 갈등에 관한 이야기가 물론 일상생활의 이야기보다 자리를 더 많이 차지하고 있다. 무엇보다도 편지 속의 충고는 우리를 위한 것이라 생각한다. 그리고 떼이야르 신부가 우리에게 경고해 준, 위에서 말한 편지의 위험은 가능한 한 피하고 싶다. 이런 연유로 우리는 떼이야르 신부가 여러 서신 왕래자들에게 솔직하게 털어놓은 속내 이야기 중에서, 그의 사상의 참된 항수恒數가 담겨 있는 것만을 원칙적으로 고르고 싶었다. 그런데 이 항수들은, 레옹틴느 장따에게 편지를 보내던 그 시기에, 마음이 혼란했다 잔잔했다 하는 고비를 몇 번이나 거치면서 이 여러 편지 가운데 확실히 입증되어 나타나 있다.

  1924년 11월 13일, 떼이야르 신부가 자기에게 벼락처럼 떨어진 소식에 보인 첫 반응은 전적으로 신앙에서 우러나온 것이었다. 그렇기 때문에 바로 그날 저녁 이렇게 쓸 수 있었다. "내 마음 깊은 곳은 그야말로 고요하오. 이 일도 역시 **우리 주님**의 의사 표시요 또한 **그분**의 작전이오. 그런데 무엇 때문에 염려하겠소?" 그럼에도 불구하고 얼마 안 가서 수천 가지 생각이 마음을 뒤엎으며 그를 괴롭혔다. 그래서 그는 구원을 청했는데 주위의 우애 어린 도움으로, 클로드 퀴에노가 "정신의 승리"라고 평가했듯이 마음의 분쟁이 승리로 종식되었다. 1925년 8월에 그가 한 말을 보자. "크리스천이나 수도자들이 영적인 것에나 신성한 것에 도달하려면 교회나 자기 수도회의 중개가 있어야 함을 분명하게, 더 구체적으로, 다시 알았소. 왜냐하면 이 초보적인 깨달음을 실현하기에 최선을 다함으로써 확실히 다시 침잠沈潛되었기 때문이오." 그리고 또 말했다. "위기 이전보다 더 확실하게 더 실제적으로 … 하느님과 세상의 중개자인 교회를 믿소. 그리고 교회를 사랑하오. 그래서 많은 평화를 얻은 것 같소." 그러나 승리가 결정적인 것은 아니었다. 추방당하기 바로 앞서, 몇 달 동안 떠날 채비를 갖추면서, 아직도 "번갯불 같은 반항심"이 일어나는 것을 몇 번이나 느꼈다. 그러나 1926년 6월, 천진에 도착한 그때부터 다시금 진정되었다. "모든 분노와 모든 원한이 사라지오." 사라진 분노와 원한이 되살아나면 그는 그것으로 "최선을 다해 우리 주님께 드리는 모든 봉헌물"로 삼았다. 이 무렵 1926년 11월에서 1927년 3월에 「르 밀리외 디뱅」*Le Milieu divin*을 썼다.[33] "기력도 없고 정신적으로도 불만스런 상태"였지만 마음 깊은 곳은 지극히 잔잔해서 "주님 팔에 안겨서 평화롭습니다"라고 말할 수 있었다.

  괴롭고 쓰라린 일들이 항상 잇달아 일어나서 그의 상황이 갈수록 어려워졌다. 그러나 (아무리 괴로운 일일지라도 그가 변함없이 늘 하는 영혼의 피정은 방해할 수 없었다. 그런데도 불구하고) 그들을 향해 공박하고 싶은 생각이 그래도 일어났다. 1928년 한 해와 1929년 초반 몇 달 동안엔, 어쩌다 그러긴 했지만 어쨌든 특히 심했다. 그러나 오래지 않아 떼이야르 신부가 고백하기를 "반反성직자주의" 내지는 거의 "반그리스도교주의"가 마치 불이 꺼지기 직전 마지막으로 치솟는 필사적인 불꽃처럼 격렬하여 고생했는데, 가까스로 눌러 껐다고 했다. 그가 말했다. "어떤 땐, 내 마음 깊은 곳에 확고하게 남아 있는 것은 무엇이며 동요하는(= 흔들리지 않았던?) 것은 무엇인지 더 이상 정확하게 모를 때가 있었소." 떼이야르 신부가 프랑스에 몇 달 머문 후 중국으로 가는 배 안에서 작성한 논평(*Le Sens humain*)을 발랑생 신부가 읽고 불안해했다. 그러나 떼이야르 신부 자신이 즉시 "오늘을 앞지르는, 일시적인 생각에서 오는 쓰디쓴 뉘앙스를 그 논평에서 없애고 싶소" 하고 스스로 말했다. 과연 또 한번 "일던 먼지가 사라지고" 마음의 소요가 전부 가라앉았다. 그리고 모든 것이 녹아져 마음이 더 넓어지고

---

33. 108쪽의 본문과 역주 ⓔ 참조.

더 평화롭게 되었다. 이것이 하느님의 선하심과 친구들의 기도로 이루어졌음을 그는 감사했다. 이와같이 그는 위기를 벗어날 때마다 그 위기로 인해 자기 내부의 또 다른 한 구석이 성공적으로 그리스도교화했다고 확신했다. 그래서 "하느님의 도우심"으로 "심오한 그리스도교의 굴대(軸) 위에 항상 되돌아와 설 수 있었다. 그리고 "하느님 안에서 평화롭듯이 실제로 교회와도 평화롭다오" 하고 번번이 결론지을 수 있었다.

1929년 4월 2일, 발랑생 신부에게 썼다. "나의 유일한 힘과 성소聖召는 교회를 향한 사랑과 **세상**에 대한 사랑을 종합하는 것이오." 이보다 훨씬 앞서 1926년 12월 31일에 더 정확히 풀이해서 말했다. "특히 10년 전부터 본능적으로 나를 항상 일종의 실험장으로 사용하시라고 **우리 주님께** 바쳤소. 그것은 이 실험장에서 **주님**이 커다란 두 가지 사랑, 즉 **하느님**을 향한 우리의 사랑과 **세상**에 대한 우리의 사랑, 이 두 사랑의 융합을 소규모로 실험하시기 위해서였소. 전능하신 하느님의 다스리심이 이 두 사랑의 융합 없이는 없다고 확신하오."[34] 바로 이런 것이 그의 필생의 프로그램의 골자였다. 떼이야르 신부는 이 골자를 항상 마음에 품어 구상했고 봉헌기도 때마다 잊지 않고 바쳤다. 그가 용기를 잃지 않았던 것도 그가 인내심을 가졌던 것도 바로 이것 때문이었고, 그래서 폭풍우 속에서도 확고부동했던 것이다. 실험의 들판이 무엇인지 그는 잘 알고 있었는데 그 들판은 언제나 성공이 가득한 땅이 아니다. 그리고 한 번쯤의 성공조차도, 항상 단번에, 완전하게, 이루어지는 것이 아니다. 그뿐 아니라 자기 자신도, 틀림이 없이, 계속적으로 바르게만 나갈 수 있는 것이 아니기 때문에, 떼이야르 신부는 늘 충고를 구하고 자신을 검토하고 억제하고 수정했다. 그는 겸손하

---

34. 112 114 203 207쪽 참조. Victor Fontoynont 신부에게 보낸 1916년 3월 15일자 편지 중에서: "내가 그리스도를 뜨겁게 사랑하되 **우주**를 사랑하는 **행위 안에서** 그분을 열렬하게 사랑할 수 있었으면 … 간절히 바라오(나를 위해, 다른 많은 사람들을 위해 그리고 또 세기가 우리를 비정상인으로 간주하는, 그들의 필적할 수 없는 구실이 자취도 없이 사라지기 위해)"(*La pensée religieuse du Père Teilhard de Chardin*의 Appendice, 350).

게 자기가 "물을 끌어 잇대어 주는 운하처럼 사용되기를" 원했다. 그러기에 장상들이 자기를 묵살해도 떼이야르 신부는 무슨 일에나 심사숙고하기 때문에 그런 묵살에 별로 신경을 쓰지 않을 수 있었다. "죽을 때까지 공식적으로 표명할 수 있는 사상과 자세의 테두리 바깥에서 살다가 끝나는 것이 내 운명일 것이오." 그렇지만 그는 곧 덧붙였다. 가톨릭적인 자기 길에 입각하여, 자기의 이론, 즉 가능한 한 일단 모든 노력을 다 기울여 본 후에라야만, "수동성"의 효험 있는 역할을 인정하는 그 이론에 비추어본 결과 이렇게 말했다. "그러나 나로서는 이런 상황에 종지부를 찍기 위한 것이라면 그 무엇도 소홀히하고 싶지 않소." 그렇기 때문에 자기의 글(*Le Milieu divin*)이 상부로부터 인정받게 되는 것을 그렇게도 목격하고 싶어했다. 왜냐하면 "… 교회의 정신이 나와 한편임을 더 확실하게 내가 느낄 수 있도록 …" 이런 이유에서였다. 그런데 그를 신뢰하기는커녕 어림도 없었다.

1926년이 끝나가는 마지막 몇 달 동안, 신문을 통해 비오 11세 교황청의 몇몇 활동 상황을 그가 알게 되었다.

> 내가 최근에 용기를 얻게 된 한 가지는 로마의 취지가 더욱 보편적으로 더욱 관대해졌다는 사실이오. 그런데 그 취지가 아직도 정치적·물질적 복음화에 한하고 있소. 그렇지만 이것이 어쩌면 태동일 수도 있소. 그래서 내가 "교회와 함께 느끼다"sentire cum Ecclesia[35]의 테두리 밖에 있긴 하지만, 그러나 나 자신이 두려워하는 바깥쪽보다는 덜 바깥에, 그리고 내가 바깥쪽에 있음을 (사람들이) 나 스스로 믿도록 만드는 그 바깥쪽보다는 덜 바깥에 내가 있다고 생각해 보오.

1929년에 그가 말했다. "나를 **신용해 주기만 한다면** 내게 무엇을 어떻게 해도 나는 무방할 것 같소." 이처럼 깊은 사색과 지극히 명백한 성실성을 마주하고서도 고위 성직자들이 용기를 가질 수 없었는가? 또 1933년에 말

---

35. 성 이냐시오의 유명한 「영신수련」에서, 교회와의 일치를 위한 한 규칙.

했다. "내가 애써 추구하는 것 속에는 건설적인 것과 보수적인 것이 함께 담겨 있다고 드 본느빌 신부에게 누우이 써보냈는데, 그런데도 로마에서는 알려고도 하지 않으니 심히 유감스럽소." 그리고 또 떼이야르 신부는 자기를 고발하는 새로운 방법을 알고서 암시했다. "나를 고발하는 사람들이야 마음대로 생각할 수 있겠지만 외부 사람들은 속지 않소. 그리고 나를 '신부'[36]라고는 거의 인정하지 않는다 해도, 아무도 나를 지금까지 '믿음이 없는 사람'으로는 결코 판단하지 않았다고 생각하오." 이것이 계기가 되어 "앗 리미나"[37] 공식 방문을 생각하게 되었다. 1926년 12월 31일부터 이 뜻을 표명했고 그후에도 주기적으로 이런 의사를 밝혔지만 1948년 가을에 가서야 겨우 뜻이 이루어져 로마에 갔다. 그러나 실패했다.

> 내가 늘 마음에 지니고 있는 복음전도가 어떤 것인지, 그리고 중국 사람만큼 우리와 동떨어진 사람들의 언어, 그뿐 아니라 중국 사람들보다 훨씬 흥미있는 사람들의 언어, 이 언어[38]를 내가 어떤 방법으로 이해하려고 (어쩌면 지나칠 정도로) 노력하며, 어떤 식으로 말하려고 애쓰는지, 권세있는 분들이 알아들을 수 있도록, 어느 날 내가 로마에 가서(오랏줄에 목을 걸고 가는 것이 아니라)[39] 시도해 보는 것이 불가능하다고 생각하오? 그러니까 그 어른들에게 말하도록 나를 놓아두시오. 이 일에도 역시 **전례** 문제,[40] 말하자면 어휘의 문

---

36. curé: 주임신부를 뜻하지만 여기서는 약간 비웃는, 경멸적인 뜻으로 쓰였다.
37. ad limina: 주교들이 4년마다 하는 공식 로마 방문. 여기서는 단순히 빗댄 말.
38. 여기서는 과학적인 언어, 말하자면 진화에 관한 ….
39. 독일 황제 Friedrich 1세(1120~1190)가 교황령 이탈리아 마을 Canossa에, 목에 밧줄을 메고 무조건 항복하러 갔던 옛 이야기와 영국에 면한 프랑스의 항구도시 Calais의 광장에 서 있는 Rodin의 조각에 비유한 것. 이 동상은 Calais를 함락한 영국 왕 Edward 3세(1312~1377)에게 무조건 항복하고 있다.
40. 17~18세기에 중국에 나와 있던 프랑스와 이탈리아 예수회가 교황청과 도미니코회에 맞섰던 전례의 싸움으로, 그 결과 1742년에 중국의 전통전례를 얼마쯤 미사전례에 병용하도록 되었다.

제가 있소. 즉, 논쟁이란 무엇인지 그 진정한 의미를 전혀 모르는 사람들이 야기하는 문제요. 그렇지만 나는 로마에 가서 그 어떤 것을 시도해 보고 싶소 — 내가 보는 것을 보게 하기 위하여 ….

그가 보는 것.[41] … 떼이야르 신부는 자기가 보고 있는 바로 그것을 경계하지 않고 말했는데, 그것이 바로 그의 여러 서신이 지닌 "편지의 위험"이었다. 이 위험이란 그의 편지에서 볼 수 있는 표현양식들로서, 떼이야르 신부를 잘 알고 있는 서신 왕래자들은 이것이 뜻하는 정확한 범위를 이해하기 때문에 그들 자신에겐 문제가 되지 않았다. 그러나 그들은 편지에서 끄집어낸 것을 부자연스럽게 다시 한데 묶어서 비난받기에 족한 어떤 "떼이야르이즘"(허위 떼이야르이즘)의 기초를 닦아놓았는데 그것이 문제였다.

분명히 그가 "곳곳에 태어나는 하느님의 작열灼熱하는 미래"를 알아본다고 레옹틴느 장따에게 썼는데 이 말에서 무언가 "범신론적 진화론자" 같은 표현을 끄집어내려고 그의 사상을 왈가왈부하지는 않아야겠다. 오히려 우리는 떼이야르 신부가 그런 표현을 사용하여 수십 번이나 이야기한, 정통 가톨릭 교리에 관한 완벽한 해설만 고수해야 하겠다. 떼이야르 신부의 편지를 받은 수신인이 그 표현이 뜻하는 바를 이해할 수 없었던 것은 사실이다. 또 "발현"Épiphanie보다 "통현"Diaphanie[42]이란 낱말을 더 좋아한다고 그가 말했다. 이런 말은 오늘날의 우리를 위한, 즉 우리 지구상에 하느님의 특별한, 또 다른 발현을 이젠 기다리지 말아야 하는 말이라고 생각하면 그것으로 충분하다. 떼이야르 신부가 말한 통현은 그것이 속해 있는 독보적인 발현을 통해야만 참된 뜻이 이해될 수 있다. 이 점을 「르 밀리외 디뱅」*Le Milieu divin*에서 이미 명확하게 이렇게 밝혔다. "르 밀리외 디뱅(하느님의 분위기

---

41. "이 사제(떼이야르)가 되풀이 말한 것은 배워서 아는 것(學習)이 분명 아니었다. 그는 스스로 '어떤 것을 보았고' 본 것을 확신했다. 그래서 '보고 있는 것'을 말했고 그러기에 위험한 일을 했다"(*Un prophète en procès: Teilhard de Chardin*, 232쪽).
42. 프랑스어에 diaphane(반투명의)라는 단어는 있어도 diaphanie라는 단어는 없다. 그리스어에서 온 dia는 "통해서"라는 뜻이다(122 117쪽 참조).

[界])의 무한한 환희, 이 환희의 모든 구체적 진가는 단연코 예수의 **공현** 속에 계시된, 인간과 신의 접촉에 힘입는다." 이런 투의 그의 표현방식은 이뿐이 아니라 여러번 있다. 그가 "**대지**大地 이외엔 아무것도"[43] 사랑하지 않는다고 (또한 같은 뜻으로 "인간 이외엔 아무것도"라고도) 짧게 줄여서 말했는데 이 말에서 니체의 메아리가 들린다고 생각하는 사람이 있다면 정말 정신나간 사람일 것이다. 이 표현에서 대지, 땅이란 하늘에 비교한 말이 아니다. 그것은 너무나 작은 유럽, 더 나아가 치사스런 국수주의라는 대상, 그 자신이 지적한 『파리의 메아리』[44]라는 대상에 비교한 것이다.

"내가 교회 안에 깊이 들어가지 않고 조금이라도 벗어난다면, 교회를 벗어난 그만큼 나 자신이 교회가 자유롭게 되도록 일하는 데 덜 적절한 사람이 될 것입니다." 이렇게 단언한 것을 보면 교회를 향한 그의 염려야말로 필설로 다할 수 없이 심각했을 것이다. 그렇지만 경솔하거나 적의를 가진 독자만이 그의 말 속에 어떤 현대주의자들이 비난받았던 (옳건 그르건) 것과 흡사한, 은밀한 술법 같은 증언이 있다고 공격하는 데 맞장구칠 것이다. 떼이야르 신부가 교회를 벗어나지 않고 교회 안에 밀착해 있었던 것은 바로 그의 성실성 때문이다. 그뿐 아니라 교회가 요구하는 것을 그는 잘 알아서, 대외적으로는 장상의 명령에 반드시 순종했고, 동시에 개인적으로는 남들이 조금이나마 자기에게 귀기울일 만한 사람이 되기 위해 기도했고 자기를 버렸고 자기를 성화시켰다. 그렇기 때문에 그가 꿈꾼 그 자유란 신앙을 벗어난 어떤 길과는 전혀 다른 것이었다. 이로부터 훨씬 뒤에 교회를 떠나버린 어느 사제에게는 "내부 개혁을 위해 일하는 것"이 떠나는 것보다 낫다고 대답했다. 그는 개혁이나 자유를 위한 이 작업을 교회 고위 책임자들의 전적인 동의 없이 스스로 시도해 본 적이 한 번도 없었다. 이런 그의

---

43. 107 115쪽 참조. "*Rien que la Terre:* 이것은 최근에 나온 **Paul Morand**의 책 이름입니다. 이 네 마디가 책 전체보다 낫습니다. 이 말 속에는 내가 말하고 싶은 온갖 음계의 감명과 정열이 혼합되어 있습니다" (*Accomplir l'homme*, 56쪽).
44. *Écho de Paris:* 당시의 극우 신문.

자세는, 어떤 현대주의자들이 한동안 취했던 태도와는 완전히 거꾸로였다. 왜냐하면 그리스도의 육화(肉化)에 대한 떼이야르 신부의 실재론réalisme이 그들 현대주의자들의 교의에 정반대가 되기 때문이다. 항상 그는 진보에 대한 명확한 사상을 가지고 있었는데, 그것이 "모든 곁가지를 전적으로 통틀어 받아주는 로마의 원줄기" 위에서 우선 이루어지기를 갈망했다. 단 이 조건 하에서만 "신그리스도교"néo-christianisme에 대해 논하겠다고 했다. "신그리스도교"라는 이 표현이 잘못되었다고 평가하면 그는 순순히 인정했다. 그러나 그에게 있어 이 표현은 "신인문주의"의 완전 그리스도교화를 뜻하는 것이지 다른 의미는 없다. 그는 신인문주의의 여명을, 그 당시 대부분의 사람들보다 훨씬 앞서 지각하고 있었다. 금세기 인류의 위기는 "참으로 비상한 특징"을 내포하고 있다. 왜냐하면 "세상을 보고 움직이지 말라고 금지하는" 그 사람들이, 무엇을 생각하든 무엇을 하든지간에, 세상은 우리 눈 앞에서 새로워지고 있기 때문이다. "소멸해 가는 … 형식"에다 그리스도를 묶어 매어서는 안된다. "신석기 시대의 주인 대감"의 모습을 따서, 신성(神性)을 소개하지 않도록 과거보다 더 주의해야 한다면, 그것은 하느님에게서 그분의 독자적(위격적)인 모습, 즉 하느님만의 특징을 없애거나 흐려버리기 위한 것이 전혀 아니라 오히려 정반대이다. 그는 개성적(위격적) 하느님, 개개인의 하느님(각자의 개성을 인정해 주시는 하느님)에 대한 신앙을 확립하고 그 신앙을 고무시키는 것 이외, 그 어떤 것에도 마음을 두지 않았다.

레옹틴느 장따 여사에게 보낸 편지에서 떼이야르 신부는 자신이 처한 위기와 무모한 프로그램에 대해서만 이야기했다! 이 편지들은 떼이야르 신부 자신과 주변의 갖가지 정보를 줄 뿐 아니라 — 이보다 앞서 일차대전 당시 마르그리트 테이야르에게 보낸 편지[45]처럼 — 진실된 방향을 지향하는 한 의식意識을 보여준다. 그의 어떤 충고를 보면 "영신지도자"로서의 정신성(靈

---

45. *Genèse d'une pensée*를 말한다(16쪽 역주 14; 72쪽 ㉠ 참조).

性)이 뚜렷하다. 이 편지에 담긴 가장 중요한 원칙은 그의 다른 글에도 들어 있다. 그리고 이 원칙은 언제나 극히 단순하고 투명한 말로 표현되어 있어서 새삼스레 주석이 필요없는 것 같다.[46] 더욱이 표현이 신중하다. 그러나 그 표현이 쓰일 때마다 바로 그것이 지닌 힘에 의해 그의 감추어진 깊은 심층이 드러난다. 그의 깊은 심층이 드러난다 해서 결코 내면의 정신적 삶이 초라한 것은 아니다. 그는 지구를 탐험[47]하면서, 인간과 대지의 과거를 탐색하면서, 바깥 삶도 최대한 적극적으로 팽팽하게 영위해 나갔다. 그리고 (인간과 대지의) 과거에 의거하여 미래를 걸고, 사상의 싸움터에 정열을 다해 뛰어들어, 내부(수도회와 교회)와의 투쟁과 갖가지 시련(우리가 앞에서 그 어려움의 정도를 잠깐 살폈다)을 감내하는 한편, 매우 중대하게 생각된 견해를 교회의 웃어른들이 자기네 주장을 바꾸어 이해할 수 있도록 노력했다. 떼이야르 드 샤르댕이란 이 사람은 자기 영혼 — "**존재자가 주시는 기쁨**"을 언제나 배령하는 — 깊숙한 곳으로 물러앉아 그 "깊고 오묘한 맛"을 맛보았다. 그는 **존재자**가 우리의 논리보다 한없이 더 방대하고 더 개혁적이라는 이 자각을 방패로 삼아 그 뒤에 "보일 듯 말 듯" 숨어 있었다.[48] 거듭 말하거니와, 그는 "유類가 없으신 **가장 위대한 분**"에게 자기 자신을 내놓았다. 그리고 "하느님 손"에 완전히 맡긴 채, "편재하시는 하느님의 평화롭게 해주는 막강한 힘 안에서" 조용히 자기 자신의 힘을 거듭 단련했고, 그런 후에 다시금 "**유일한 필요**[49]**의 대양**"l'Océan de l'Unique Nécessaire에 투신했다.

---

46. 우리 독자들에겐 필요할 것 같아 우리의 요구로 Pierre Noir 신부님이 각 편지마다 간략하게, 그 속에 담긴 중요한 원칙이나 표현의 해설을 해주셨다.
47. 중국 대륙, 남아프리카, 인도, 동남아, 미국 등 사실상 지구 곳곳을 탐험했다. 책 끝에 실린 약력, 특히 1932년에서 1938년까지 6년간 참조.
48. 188쪽 참조.
49. "l'Unique Nécessaire": 이 표현은 떼이야르의 글(1919~1952)에서 자주 볼 수 있다. 루가 10,41에서 따온 표현이다. 달리 "l'Unique Suffisant", "l'Unique Agissant", "l'Unique Intérêt", "l'Unique Essentiel"이라고도 표현했다.

출판자가 알려 드립니다

이 책은 떼이야르 신부님이 레옹틴느 장따 여사에게 보낸 서간의 자필 원고를 그대로 옮겨서 출판하는 것입니다. 저자의 지적·영적 삶에 대한 중요한 이 기록을 오늘날 우리가 접할 수 있게 된 것은, 편지를 귀중하게 보관하고 있던 가족이 너그럽게 출판을 허락했기 때문입니다. 우리는 장따 여사의 질녀 롤랑 게탱 부인에게 특별히 깊은 감사를 드립니다.

원문을 전부 신되 짤막한 여섯 구절만은 빼었는데, 각주에 빠진 곳을 명기해 두었습니다.[1] 완전히 사사로운 일에 관계되는 것으로, 그것을 공개한다면 분명히 떼이야르 신부님이 그 이야기를 장따 여사에게 하신 의도에 빗나가므로 신중을 기해야 될 일이라고 생각했기 때문입니다.㉠

각주는 최소한 필요한 것만 붙였습니다.㉡ 좀더 자세히 알고 싶으면 *Genèse d'une pensée*와 *Lettres de voyage* 그리고 특히 퀴에노Claude Cuénot의 *Pierre Teilhard de Chardin*(Paris, Seuil, 1958)을 참조하시기 바랍니다.

미셸 드 세르토Michel de Certeau

※ 이하의 각주에서 1 2 3으로 매긴 것은 원서의 편자가 단 것이고, ㉠ ㉡ ㉢으로 매긴 것은 역자가 달았다.

1. 125쪽(1행), 129쪽(2행), 151쪽(7행), 156쪽(4행), 161쪽(2행), 183쪽(5행).

㉠ 이 책이 출판될 때 출판자가 빼놓은 원문 여섯 구절을 Noir 신부님의 각별한 배려로 이 책 199-201쪽에 모두 실었다. 이 책이 출판자 당시엔 뺀 구절에 거론된 주인공이 아직 살아 있었기 때문에 출판자측에선 당연한 처사였으나 지금은 모두 세상을 떠났으며, 더구나 우리 나라에선 그 주인공이 누구이든 전혀 모를 뿐 아니라 오히려 독자의 호기심이 오해를 불러일으킬 요소가 크다고 보았고, 그것을 공개함으로써 우리가 떼이야르 신부를 더 잘 알 수 있다고 판단해서 떼이야르 신부의 자필 원고를 소장하고 계신 놔르 신부님이 독자적 결단으로 한국 독자를 위해 최초로 공개하셨다.

㉡ 그러나 역자는 우리 독자에게 필요한 것 같아 역주를 붙였다.

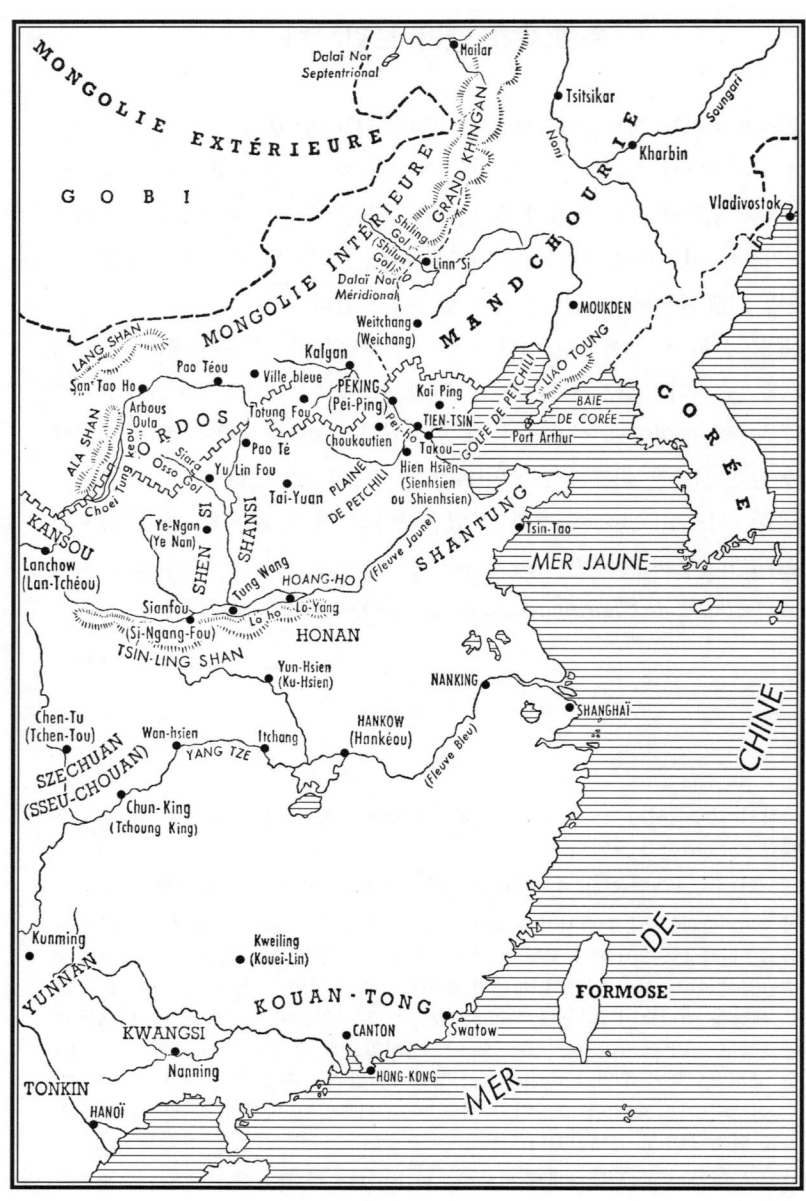

편 지

1923년 5월 26일[1]
Hautes Études. Race Course Road.[2] 천진
주소에 요주의!

친애하는 여사에게,

　사흘 전 이곳에 도착했을 때 여사의 편지가 내 책상 위에서 나를 기다리고 있기에 무척 감동했습니다. 저에겐 이 편지가 나를 환영하는 인사로, 일하러 온 나에게 최선을 다하라는 격려로 생각되었습니다. 제가 이런 말을 한 일이 있지 않습니까? 파리의 좋은 친구들 곁에 있는 것이 얼마나 행복한데 굳이 내가 그분들을 떠난다면 그것은 나를 이끄는 "별"을 따라 극동으로 출발하는 것이 그분들을 진심으로 위할 수 있는 길이기 때문이라고. 여사에 대한 생각이 줄곧 따라다니며 이곳에 있는 나를 쓰러지지 않게 떠받쳐 줍니다. 이것은 사실입니다. 설령 멀리 떨어져 있다 해도 여사는 제가 특별히 더 잘해 드리고 싶은 사람들 중의 한 분입니다.

　보내 주신 파리 소식 재미있었습니다. 언제든지 파리 이야기는 흥미진진할 것입니다. 여사를 중심으로 친근하게 모두 어울리는 정신적 만남의 그 자리와 인연을 끊을 수 없습니다. 저는 이곳에 와서 질료質料와 인간의 우주에서 아직도 천연 그대로인 지역에 또다시 잠겼습니다. 그러나 내가 이 지역에선 "봉사"를 받고 있고 또 받으리라고 생각합니다. 그렇지만 정확하게 말하자면, 아주 색다른 사

---

1. 자필 원고에 명시되어 있지 않지만 1923년. 떼이야르 신부가 천진에 도착한 것이 이 해 5월 23일이다.
2. 천진에 있는 예수회 수도원.

람들과 아주 색다른 일들로 뒤범벅이 된 큰 더미 속에 나 자신이 들어와 있기 때문에 그 속에 익사하지 않기 위해, 아니 최소한 머리만이라도 식히기 위해, 얼마 전에 떠나온 더 밝고 더 "정신화"된 세계와 계속 연관을 가질 필요가 있습니다. 지금 여사의 편지는, (전에 우리가 만나 이야기를 나눌 때처럼) 최종말(그리스도 오메가)에 이루어질 일치에 대한 나의 믿음이, 하느님의 은혜와 인간의 노력으로 줄어들지 않도록 어떻게든 나를 도와 줄 것입니다. 믿기지 않을 만큼 다양한 종족과 인류의 문제점들을 손끝으로 건드릴 때면, 아시겠지만 나는 이 신앙에 매달려야만 됩니다. 극동의 이 세계에선 우리들 서양철학이 천공天空의 다른 수많은 천체 속에 끼여 있는 지구처럼 거의 아무것도 아닌 것 같습니다. 사실, 태평양 주위에 사는 사람들이 무엇을 생각하고 있는지 내가 정의내리기는 곤란합니다. 처음 그들을 보면, 이상도 없고 확고한 희망도 없고 오로지 실리주의에만 발붙이고 사는 것 같은 인상을 줍니다. 이 사람들은 인간사에 뛰어드는 잠수潛水(그후에 수면에 떠오르지 **않는**) 방법조차도 우리와 너무나 다르고 거리가 너무나 멉니다. 우리들이 생각하는 정신적 문제 따위는 그들에게 거의 아무 흥미가 없는 것 같습니다. 더구나 그들에게 복음을 전하러 온 사람들의 머릿속에도 이런 정신적 문제들은 자리만 차지할 뿐 아무 작용도 안하는 것 같습니다. 처음엔 언제나 (3주간 극동지역 체류를 토대로, 내가 단정적 판단을 한다면 정말 터무니없는 어리석은 짓입니다) 여기 도착하면 즉시 누구나 자연인의 생활 속으로 몇 도度나 내려가는 것 같은 인상이 들 것입니다. 그래서 내가 정신적 문제들을 잊지 않도록, 믿음을 의심하지 않도록 여사께서 격려해 주십사고 암시했었지요.

1923년 5월 26일

항해 동안 나 자신을 위해, 남을 위해 신앙고백을 어떤 의미에서 여러번 다시 해야 했습니다. 코르디예르Cordillère 선박의 전속 의사인 베샹 씨를 만났는데, 유별나게 독창적이고 지적인 사람이었습니다 (지난 겨울에 여사가 내게 말한 일이 있지 않습니까. 뤼씨 들라뤼르-마르드뤼스 부인이 르 아브르⁽㉠⁾의 그 선교사에 관한 소설을 특별히 자기 조카를 시켜 수정하게 했다고 했지요. 그 조카가 바로 이 사람입니다. 세상은 정말 넓고도 좁군요). 베샹 의사는 내가 지금까지 만난 사람들 중(물리학자, 언어학자, 음악가, 문학가 … 노력도 않고서 된) 아마 가장 천재적인 두어 사람에 속할 것입니다. 오로지 내 친구 샤를르 신부에나 비교할 수 있는 사람입니다. 그렇지만 "신비스런 감각"이 빠져버린 (또는 의심이 많아서 반박 잘하는) 샤를르 같은 사람입니다. 우리는 거의 매일 만나 길게 한담을 나누었습니다. 그래서 서로 친구가 되었지만, 우리의 신앙과는 동떨어진 사이에 있을 수 있는 그런 친구입니다. 베샹 의사는 사물의 연관성은 믿으면서 사물의 궁극성에 관해선 (순전히 주관적 선택에 의한 것을 제외하고선) 조금이라도 단언할 수 있다고는 생각하지 않습니다. 회의적 성향이 있는데다 약간 환멸을 느끼고 있고 게다가 (이 점은 우리가 공감했습니다) 부당한 지성적 속박은 펄펄 뛸 정도로 참지 못하는 사람입니다. 물론 나는 내 견해에 그를 끌어들이지 않았습니다. 어쨌건 현재로선, 그가 머리 좋고 박식하면서도, 지적으로 즐기는 본능적 취미 외에 활약의 본보기가 될 능력이나 활약에 대한 충분한 이유를 스스로 지닐 능력이 내가 보기엔 분명히 없는 것 같습니다.

㉠ le Havre: 프랑스 북서부에 있는 항구도시.

그런데 이 지적인 본능적 취미라는 것도 지성적인 활약을 지도하거나 주장하기에는 불충분합니다. 내가 본 바가 틀림없을 것입니다. 날이 갈수록 더 양도논법兩刀論法이 제기된다고 저는 생각합니다. 왜냐하면 세상이 어떤 우주적 절대를 향해 나가고 있든지(그렇다면 세상은 계속해 살아갈 수 있고 진보할 수 있습니다) 아니면 그와 같은 궁극(오메가)은 존재하지 않든지(이렇다면 우주는 자기가 **산출한 생명**, 이 생명이 반성할 수 있고 비판할 수 있게 되자마자 **이 생명을 양육할 능력이 없음**이 명백해지는 것입니다. 다시 말해서 우주는 숨쉴 수 없는 것이며 실패작으로 잘못된 것입니다) 둘 중 하나이기 때문입니다. 그러나 나는 우주를 전체적으로 보아 하나의 불착화不著火, 하나의 "실패"라고는 도저히 생각할 수 없습니다. 보십시오, 이렇기 때문에 나는 어떤 **절대**가 여기 또 지금hic et nunc 그리스도를 통해서만 우리에게 나타나지 다른 방법으로는 나타나지 않는다고 믿습니다. 알고 계시겠지만 이것이 바로 나의 그리스도교 변증론입니다. 그리고 이것 이외에 아무것도 마음 속에 생각을 품고 있지 않습니다. 비신자 중 가장 훌륭한 사람들에게 있어서 모든 윤리는 "네가 원치 않는 일, 즉 남이 너에게 행치 않기를 바라는 바로 그 일을 너는 남에게 하지 마라"는 교훈에 귀결된다고 베샹 의사에게 또 배에 있던 다른 이들에게 내가 확언했습니다. 제 생각에 이런 윤리는 순전히 진정제로서 진전 없이 정체되어 있으며 톱니바퀴를 원활하게 해 주는 기름일 따름입니다. 그것만으로는 충분하지 않습니다. 인간이란 기계는 삐거덕거리지만 않으면 족한 기계가 아닙니다. 그 기계는 앞으로 전진해야 합니다. 그러자면 에너지가 필요하고 "휘발유"가 필요합니다. 이 에너지, 이 "휘발유"(말하자면 활동해야 하는 의

1923년 5월 26일

무 그리고 활동에 대한 흥미)를 공급해 주는 것은 모든 윤리에 관한 문제입니다. 그런데 이 에너지와 "휘발유" 공급이 가능한 샘(泉)은, 이상적이며 우주적인 최종점(**믿음**과 **소망** — 만져서 알 수 있는 것이 아닌 — 우리는 각각 개체로서 현재라는 시간 속에 있는 데 반해 이 최종점은 우주적이며 미래**이기 때문**입니다)에 대한 순종으로서, 그 이외에 다른 샘이 내겐 보이지 않습니다.

 계속 제가 여사 앞에서 학자연然 떠듭니다. 그렇지만 여사께서는 내가 떠드는 것이 "자기 도취"라고 생각하지는 않을 것입니다. 다만 여사와 더불어 대화를 나누기 위해 내가 생각하는 것, 매일 되풀이 생각하는 것을 말씀드린 것뿐입니다. 여사께서는 어떻게 지내십니까? 몸도 마음도 모두 건강하십시오. 가능한 한 글을 쓰시고 또 많이 생각하십시오. 자신을 위해, 남을 위해 그것이 필요합니다. 그리고 그 무엇보다 바로 그것이, 하느님께서 여사에게 부과하신 의무이기 때문입니다. 주저하지 마시고 반드시 이 점을 꾸준히 믿으십시오. 여사께서 우리 주님께 드릴 수 있는 가장 좋은 제물은 여사의 지성과 활동이라는 봉헌입니다. 이 지성과 활동이 둘 다 가능한 한 성장하도록 하십시오. 그러나 어느 지점에 이르러선 지성과 활동을 한정시키십시오. 그 지점이란 여사보다 더 강한 몇몇 이유ⓒ가 하느님의 제약이 어디에 있는지 제시해 주는 바로 그곳입니다. 여러번 말씀드린 바 있는데 평화를 가지기 위한, 결코 질식되지 않기 위한 (가장 진부한 환경 속에 처해 있다 해도) 비법은 모든 사물 속에 순환하고 있는 필요불가결의 유일의 **요소**Unique Élément를 하느님의 도우

ⓒ "주님, 나를 위하여 하지 마소서, 그러나 내가 방위하는 이유la Cause, '가장 위대하신 그리스도의 이유'를 위해서 하소서. …"(*Lettres de voyage,* 354쪽).

심으로 알아보게 되는 그것입니다. 그리고 이 유일의 요소는 모든 대상objet을 통해 우리에게 자신을 (기쁘게, 스스로) 나타내 보일 수 있습니다. 그러나 조건부입니다. 즉, 그 조건은 우리가 자신의 삶에 **성실함**으로써 이 대상이 우리 앞에 오게 되어야 하고 또 하느님의 현존과 역사役事에 대한 우리의 **신앙**으로 이 대상을 변화시켜야만 하는 것입니다.

6월 15일 전에 몽고 방향으로, 어느 곳으로든 떠날 생각입니다. 이곳저곳에 가끔 강도들이 나타납니다. 그러나 저에겐 노련한 안내자가 있습니다.

안녕히 계십시오 — 세느 강변 위로 해가 떨어지는 것이 바라보이는 발코니, 그 곁에 아담한 살롱을 종종 생각합니다.³ 그 살롱에서 저는 여사가 생각하시는 것보다 어쩜 더 많은 힘을 얻었습니다.

감사합니다. 그리스도 안에서 안녕히 계십시오.

떼이야르, S.J.ⓒ

브르몽의 성공을 물론 기뻐합니다!⁴

---

3. 마드리드 가 7번지에 장따 여사가 1900년부터 살았다. 16쪽 참조.
ⓒ S.J.는 Societé de Jesus(예수회)의 약자. 떼이야르 신부가 장따 여사에게만은 유독 S.J.를 빼지 않고 꼭꼭 쓰고 있다.
4. Henri Bremond 신부가 1923년 4월 19일에 아카데미 프랑세즈 회원으로 선출되었다.

〈해설〉

떼이야르의 비전의 골자

이 책의 첫 편지에서 우리는 떼이야르 신부가 지녔던 비전vision의 골자를 볼 수 있다.

떼이야르 철학의 골자: 진화는 우리에게 우주의 역사를 알게 해준다. 즉, 진화는 가장 거대한 분산分散에서 비롯하여 합일을 향해 끊임없이 더욱 더 전진하는 기나긴 행정이다.

첫 단계는 지속적 통합으로서 질료matière를 식물·동물의 생명vie으로 이끌고, 둘째 단계는 수십억 년에 걸쳐 생명을 생각pensée의 발생으로 이끈다. 인간의 출현은 바로 이때이다. 인류의 진화가 종료되기까지는, 모든 것을 미루어보아 그것이 요원함을 우리는 알 수 있다. 인류는 완숙完熟의 지점, 수렴收斂의 지점인 오메가 점을 향해 서둘러 가고 있다.

떼이야르 신학의 골자: 그리스도교 신앙에 있어서 그리스도는 오메가 지점이다. 그는 이 지점에서 비롯된, 자신의 사랑의 에너지를 끝없이 발산하면서, 분산된 전 인류를 그의 가슴 속에, 삼위일체 하느님의 완전한 일치 속에 끌어들인다.

물론 우리가 그의 철학, 신학의 골자뿐 아니라 윤리나 영성의 골자도 이야기해야 할 것이다.

어쨌든 여기 실린 모든 편지를 읽을 때마다, 독자들이 그의 사상을 좀더 잘 알도록 나는 한 걸음씩 노력하겠다.

그러면 이 서간집을 읽고 난 후 그의 저서와 생애를 더 낫게 이해하게 될 것이며 따라서 더욱 깊이 알고 싶어질 것이다.

1923년 8월 7일
샤라-우쏘-골(동부 오르도스)

친애하는 여사,

　편지 감사합니다. 5월 13일에 보내신 편지를 1주 전에야 받았습니다. 그림같이 아름다운 곳에 우리가 세운 천막 밑에서(비가 내려서!) 이 글을 씁니다. 이곳은 깊은 협곡의 오지奧地인데 근처에는 단단히 굳은 흙으로 된 테이블 같은, 한가운데를 움푹 판(옛날에 샤라-우쏘-골인들이 잘라놓은) 몽고인의 거처가 있습니다. 주변엔 모래 언덕과 대초원이 빙 둘러 있고 풀밭엔 양들이 영양 곁에서 먹이를 뜯고 있으며, 머리를 길게 늘어뜨린 몽고인이 장화를 신고 멀리서 지키고 있습니다. 예측 못했던 가뭄과 비적匪賊들 때문에 우리가 북쪽을 거쳐 황하의 대만곡大彎曲을 전부 우회하지 않으면 안되었습니다. 그래서 아득히 길을 돌아 여행의 목적지인 이곳에 도착했습니다. 내가 중국에 올 때는 만리장성에서 별로 떨어지지 않은 지역만 지나가게 되리라 생각했었습니다. 그런데 서쪽 몽고의 커다란 모퉁이를 지금 내가 환히 알게 되었습니다. 6주 동안 노새를 타고서, 산을 넘고 사막을 거쳐 낯선 고장을 편력했는데 후회스럽지 않습니다. 그동안 아름다운 경치도 내가 빼놓지 않았지만 우리는 도중에 지질학상·고대생물학상 아주 중요한, 뜻밖의 새로운 것을 발견했습니다. 이것은 아마 우리가 현재 샤라-우쏘-골의 벼랑에서 캐내고 있는 코뿔소와 말과 여러 가지 짐승의 모든 뼈보다 더 가치가 있을 것입니다. 그러니까 모든 것이 잘되어 가고 있고, 내가 여기 온 것이 학문적으로 헛된 것이 아닙니다. 표면상으로는 그것이 주가 되지요.

그러나 사실은 여사도 아시겠지만 내가 파리를 떠나 중국에 온 것은, 크리스천이 행할 의무에 대해 내가 항상 생각하고 있는 방법을 실제로 보이기 위한 것뿐이었습니다. … 그리고 내심으로는, 여행을 하면서, 움직여 일하면서, 내 "신앙"을 더 견고히하고 그 "신앙"을 제시할 수 있도록 더 강하게 되기 위해 노력하려고 왔었지요. 바로 이 점에 있어서도 시간을 낭비하지 않기를 희망하고 있습니다. 전쟁 때보다 여유도 덜하고 어쩜, 젊음 또한 덜하지만(전쟁 기간은 내게 있어 사상의 개화기 — 지적인 밀월密月 — 였습니다)㉠ 두 달 전부터 그때와 비슷한 외진 곳에서 그때만큼 거대한 현실을 대면하고 있습니다. 그런데 이 두 가지 상황이 하느님과 거대한 만유萬有에 대해 명상하기에는 완벽하리만큼 적합합니다. 그래서 몽고의 막막한 고적(사람에 비긴다면 굳어서 움직이지 않는 죽은 지역) 속에서 나는 옛날 "전선"戰線(사람에 비긴다면 어느 면에선, 가장 실감나게 활기가 있었다고 말할 수 있는 지역)에서 보던 것과 똑같은 한 가지 일을 봅니다. 그 일이란 하나의 작업이 **세상**에서 이루어지고 있는데, 이 작업만이 우리의 활동, 즉 삶의 노력을 통해 어떤 영적 **실재**를 풍겨내는 우리의 활동을 정당화해 줄 수 있다는 것입니다. 노새를 타고 꼬박 며칠 동안 길을 가면서 도저히 미사를 드릴 방도가 없을 때에는, 여사가 알고 계시는 "온 세상으로 함께 드리는 미사"㉡를 옛날처럼 반복합니다. 이때 나는, 여느 때보다 더 명민한 정신으로 그리고 훨씬 더 확신을 가지고서 미사를 드렸다고 생각합니다. 나이

㉠ 일차대전 당시를 말하며, 이때(1916~1919) 쓴 글이 *Ecrits du temps de la guerre* 이고 마르그리트에게 보낸 편지는 *Genèse d'une pensée*.

㉡ "la Messe sur le Monde": 36 41 137 149쪽 참조.

들어 늙어버린 이 아시아가 얼마나 아름다운 면병麵餠 — 바로 지금으로선 죽은 면병(내 생각엔) — 인지 그러나 어쨌든 아시아가 해묵은 이 먼지(유해) 속에 기나긴 오랜 노고의 유적을 지니고 있기 때문에 지금 우리가 그것을 유익하게 이용하고 있지 않습니까! 마르그리트에게도 말했듯이 (전쟁 때처럼) 배의 이물엔 내가 더 이상 서 있지 않는 것 같고 고물에서 항적航跡(과거에 있었던 것의 자취를 나는 봅니다)을 향해 몸을 기울이고 있는 것 같습니다. 이것도 세상의

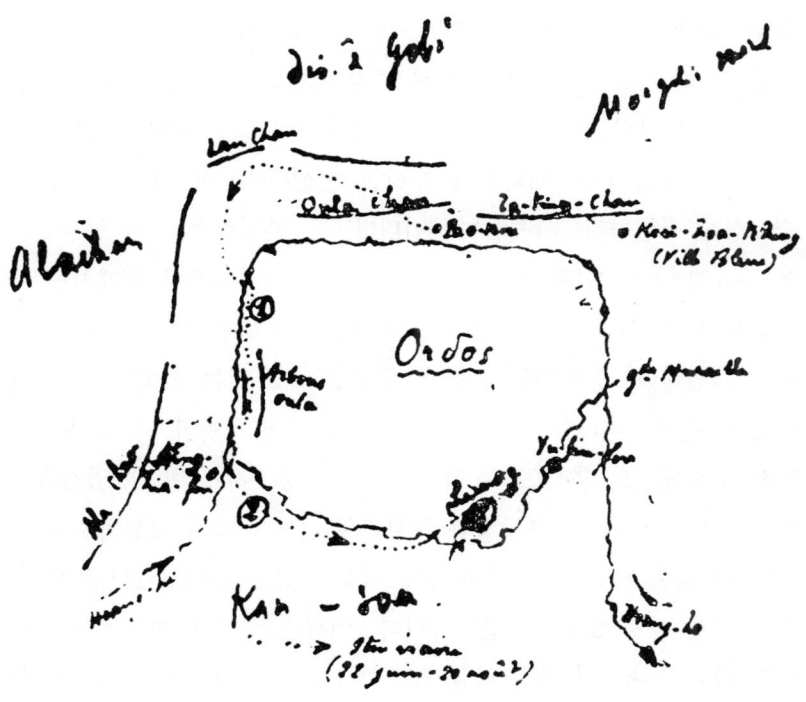

오르도스 탐험중 알프레드 라크로아에게 보낸 편지에서
(프랑스 과학기술원 제공)

1923년 8월 7일

움직임을 인지하는 하나의 방법이니까요. — 중국에 올 때 나는 우리네 서양을 젊게 해줄 사상과 신비의 저장소를 발견하려는 희망을 가지고 왔습니다. 그런데 지금은 그 저장소가 꽉 막혔거나 텅 비었다는 인상이 듭니다. 중국인들은 (현대라는 것과 유교라는 것으로 윤색되어 있긴 하지만) 태고적 그대로 소박합니다. 몽고인들은 서서히 사라져가고 있습니다. 이들의 라마승은 수도자이지만 교육도 없고 둔하고 청결하지 않습니다. 그러나 바로 이 라마승들이 옛날엔 **무엇인가를 보았던** 것이 사실입니다. 이 사람들은 그 빛이 사라져도 그냥 내버려 두었습니다. 우리는 그 빛을 되찾을 수 있습니다. 이것 또한 사실입니다. 북경 사람들이 믿는 불타가 얼마나 고요하고 존엄스러운지 진실로 감동했습니다. 왜냐하면 우리는 신성神性을 이 사람들보다 더 숭고하게 구현하지 못하기 때문입니다. — 본질적으로 이 동양인들은 질료적質料的인 힘과 손 가까이 있는 힘을 천부적으로 숭배하는 사람들로서, 더 열등한 지역에 매몰되어 잠자고 있는 사람들이라고 저는 생각합니다. 중국인들의 혈맥 속에 흐르고 있는 진하고 묵은 진액津液이 활기를 띨 수 있도록 우리가 그들에게 무엇인가를 가져다주면서 동시에 그 진액으로 우리 정신을 좀 풍부하게 할 수 없겠습니까? 그리고 그들을 개종시킴과 동시에 우리도 아울러 보완하도록 노력할 수 없을까요? 이런 점에 대해 이곳에 있는 우리 선교사들은 전혀 관심을 두지 않는 것 같았습니다. 어쨌든 중국에 대해선 사실상 저는 아직 풋내기라 자칫 입을 잘못 떼면 선교사들에게 강의하는 꼴이 될 것입니다. 내가 돌아가서 이 이야기를 쓰지 않는다는 말은 하지 않습니다. 예를 들어 …

종종 여사를 생각합니다 — 먼저 우정에서 그리고, 이곳 여성들을 보면 "남녀동권주의"를 떠올리게 되는데 그럴 때도 역시 여사를 생각합니다. 중국 여인들은 형편없는 대우를, 아니 "대우"라는 말도 어울리지 않을 정도입니다. 외딴 시골에선 아직까지도 모든 여성들이 거의 편족입니다. 여인들이 오그라진 작은 발로 — 다리는 바짝 야위었습니다 — 말뚝 위에 올라서서 걷는 것처럼 기우뚱거리며 걸어가는 것을 보면 측은합니다. 그 모습은 마치, 걷는 것이 힘에 겹듯 생각하는 것마저 힘겨운, 모든 것에 억눌린 완전한 노예처럼 보입니다. 반면에 몽고 여성들은 아주 다릅니다. 산호빛 진주로 된 왕관형 머리 장식 아래로 여인들이 거리낌없는 눈빛으로 사람을 정시 正視하며 남자처럼 말을 타고 다닙니다. 열두 살짜리 소녀가 말에 족쇄를 채운다는 이야기도 내가 들었고 크리스천 여인이 아이 셋을 데리고 말을 타고 미사참례하러 오는 이야기도 들었습니다. 몽고인은 정말 멋진 종족입니다. 이 종족이 서서히 사라져 가는 것이 얼마나 애석한지! 代를 이을 아이들이 부족한데다 — 맏아이는 라마교 승원에 바치고 또 중국 아이를 양자로 삼는 것이 관습으로 되어 있습니다 — 어디서나 마찬가지로 목자가 농부(중국인)에게 양보하기 때문입니다.ⓒ — 여행중에 마주쳤던 몽고인 가족이 기억나는데, 보석과 자수 刺繡로 장식하고 있는 모습이나, 남자들이 쓰고 있는 끝이 뾰족한 모자의 붉은 색으로 미루어보아 분명히 명사급이었습니다. 한 여인에 두 남자 그리고 열두 살에서 열다섯 살쯤 되어 보이는 예쁜 아이, 이렇게 한 가족이 모두 낙타를 타고서 흔들흔들 여유있게 대초

ⓒ 어디서나 농업이 목축보다 우세하다는 뜻으로 몽고인을 중국인에 빗댄다.

1923년 8월 7일

원을 지나가고 있었습니다. 그런데 선두에 가고 있는 사람이 여인이 아니겠습니까! 여왕처럼 말입니다. 여사께서 이런 광경을 보셨다면 좋을 텐데 하고 생각했었지요.

르 롸¹의 강연이 여사의 말씀대로라면 나로선 기쁩니다. 여사께서 요약하신 것을 보면, 그가 말하는 물질-정신matière-esprit의 분리가 내가 보기엔 너무 급작스런 것 같습니다. 물성materialité이란 (넓은 의미에서) **상대적**인 사물chose이라고 나는 생각하려 합니다. 왜냐하면 생존물(인간)에 있어서 (빛이 비치지 않는 **뒤켠의** 어두운 쪽이 밤이고 반대쪽의 빛이 비치는 앞켠은 밝은 것처럼) 물질적이라고 하는 것은 덜 정신적인 것을 일컫기 때문입니다.ᵉ 성장하는 정신성엔 이와같이 무한성이 있습니다. 인간은 열등한 생존물들의 세계le Monde des êtres inférieurs를 자기와 함께 하느님께로 다시 데리고 갑니다. 죄는 인간이 열등한 생존물들의 세계에 또다시 빠지는 것이고, 덕행이란 이 세계를 힘있게 하느님께로 이끌고 가는 것입니다.

안녕히 계십시오. 이번 휴가가 여사의 건강에 많은 도움을 주리라 생각합니다. 누구나 순식간에 쇠약해집니다. 아무튼 여사께서는 자기의 노력, 하느님 안에서 더 많이 사색하려는 노력이 얼마나 값진

---

1. Édouard Le Roy: Collège de France의 교수. 처음 이 학교에 Henri Bergson의 대리로 있다가(1914~1920) 후에 정식 교수가 되었다(1921~1941). 1922~1923년에 강의한 것이 *La Pensée intuitive*(직관적 사상)의 일부가 됨(이 책[Paris 1930] Préface, VII쪽 참조).

ᵉ "Matière와 Esprit, 이 둘은 두 가지 사물deux choses이 아니다. 그러나 두 상태 deux états인데, 바라보는 쪽에 따라 다른, 우주의 동일한 구성요소une même Étoffe cosmique의 양면deux faces으로서 …" (*Le Coeur de la Matière*, Teilhard de Chardin, 35쪽). 119㉠ 124㉢ 132 137 141 144 145쪽 참조).

가를 결코 **의심**해서는 안됩니다. 그것이 크나큰 기도이니까요.
 삼가 줄입니다.

                                    떼이야르, S.J.

10월 중순 이후면 천진에 돌아와 있을 것입니다. 6월에 제가 보낸 편지를 여사께서 받았으리라 생각합니다.

〈해설〉

범신론과 그리스도교
"거대한 만유Tout에 대해 명상하기에는 …"

꽤 빈번하게 그가 거론했던 범신론에 대해 몇 마디 하고 싶다. 떼이야르는 이 주제에 관해, 『범신론과 그리스도교』Pantheisme et Christianisme라는 제목으로 책을 써서 출판하기도 했고 또 그의 저서에서 여러 차례 이 문제를 다루기도 했다. 범신론이란 신神의 개념과 만유萬有의 개념을 결부시키는 모든 학설을 통틀어 일컫는다는 것을 우리가 아는 바이다. "신은 만유이다"라든가 "만유는 신이다"라고 말하는 것은 범신론에서 나온 것이다.

떼이야르가 "나는 본질적으로 범신론적 얼âme을 가지고 있다"라고 확언한 것을 보면 자신을 범신론자로 자칭한 것이다. 하여간 성 바울로 역시 역사가 기한이 차면 하느님은 모든 것 중에 모든 것이 된다고 분명하게 말했다.

성 바울로처럼 떼이야르 신부도 피조물과 조물주, 하느님과 세상을 뒤섞어 놓는 것을 배격한다. 또 성 바울로처럼 그는, 우리가 하느님과의 합일을 위해 더욱더 애써 하느님과의 간격을 좁히도록 권유한다. 이 합일은 우리라는 것이 그분 안에서 사라져 없어지게 하기는커녕 오히려 그분 안에서 우리가 더욱더 개성적으로 되어 우리 자신을 강화, 성화하게 하는 것이다.

오로지 이 조건하에서만 우리는 하느님과 일치할 수 있고 끝없는 사랑으로 타인과 일치할 수 있다. 왜냐하면 성 삼위일체의 사랑은 인간의 온갖 사랑, 그 모든 사랑의 영원한 표상이기 때문이다.

교회의 가르침이 바로 이런 것이고 떼이야르 신부의 사랑 역시 이러하다. 그리고 소위 떼이야르의 "범신론"이란 것은 말하자면 자기식, 떼이야르식으로 바울로적이며 그리스도교적이다.

1923년 10월 3일
황하 강변

친애하는 여사,

　황하 한가운데 떠 있는 아주 안락한 천막 밑에서 여사께 쓰고 있습니다. 깊숙하고 네모진 작은 배 안에 천막을 세웠는데, 물줄기에 밀려 이 배가 빙글빙글 맴돌면서 마치 나무 함지처럼 떠내려가고 있습니다. 닝햐에서 파오테우(철도의 종착역)까지 우리가 이 쪽배를 타고 내려갈 것인데 날씨가 나쁘거나 좌초하지 않는다면 보름쯤 걸릴 것입니다. 배 위엔 우리들 재산인 수확품(60상자 = 3,000kg)이 잔뜩 쌓여 있습니다. 강변의 경치가 아름다운 것은 물론입니다. 왼쪽으로는 중앙아시아의 인적 없는 경계선, 알라차우의 높고 짙푸른 장벽이 천천히 뒷걸음치고 오른쪽으로는 우리가 답사하고 떠나온 오르도스의 고원이 적갈색과 잿빛으로 윤곽을 나타내고 있습니다. 그리고 강기슭엔 파랗게 갈대가 덮였습니다. 우묵하게 낮은 진탕 위엔 기러기떼가 수백 마리씩 어울려 뛰놀고 있구요. 그런데 무엇보다도 창공이, 좀 차가워보이는 안개 자욱한 하늘이, 오베르뉴의 가을날, 높은 고원 위로 보이던 그 하늘 같습니다. 20년 전이었다면 이런 경관 앞에서 무척 열광했겠지만 지금은 오히려 냉랭한 편입니다. 과거도 공간(지역)도 둘다 신비를 풀어줄 수 있는 어떤 해답도 그 속에 지니고 있지 않음을 이제는 알았고, 그뿐 아니라 결정적인 모든 빛은 우리가 향하고 있는 미래 속에 있음을 깨달았기 때문입니다.

　7월 15일에 여사께서 보낸 반갑고 긴 편지를 사흘 전에야 겨우 닝햐푸에서 받았음을 결국 여사께 말하게 됩니다(편지 말이 났으니,

사실 저도 8월 중순경에 여사에게 썼습니다. 제발 중국 우체국이 성실하게 일을 잘해줬으면 좋겠습니다). 여사의 편지를 읽으니, 뇌이에서 우리가 이야기할 때 즐거웠듯이, 그때처럼 참으로 기뻤습니다. 그리고 가장 흐뭇한 것은, 여사의 글에서 변함없는 우정을 또 한 번 느낀 것은 물론이려니와 여사께서 점점 더 확고하게, 인간으로서 할 수 있는 노력을 다 바쳐서 하느님과의 일치를 계속 추구하고 있었다는 이 사실을 분명히 읽은 것입니다. X이건 Y이건(설사 브르몽이라 하더라도) 영성을 중시하건 **지성**을 경시하건 영향도 받지 말고 전보다 더 겁내지도 마십시오. 이런 양반들께서는 모두 다 자기네의 빈약한 사상을 오로지 간수하기만 하면 됩니다. **진실**이란 하느님과 여사와의 문제입니다. 여사의 의식(신앙)이 여사가 선택한 방향을 따라 빛과 힘 안에서 성장해 가는 것을 인간의 어떤 가르침이나 어떤 확신도 막을 수 없습니다. 진실에 있어서 가장 좋은 기준이란, "**적어도** 우리를 시종일관하게 해주는 힘" — 그것이 진리가 아님이 반증되지 않는 한 — 이라는 여사의 생각은 전적으로 옳습니다. 이 명제命題에 좋지 못한 실용주의의 흔적은 없습니다. 왜냐하면 이렇게 해서 인정받은 진실이란, 우리가 어떻게 그것을 인정하든 상관없이, 그 나름대로 가치가 있고 견고하다는 것을 우리가 알고 있기 때문입니다. 포슈 신부님이 여사께 주신 충고[1]가 재미있었고 또 아주 흡족했습니다. 내가 그분을 안다는 것은 본 것뿐이지만 존경합

---

1. Germain Foch, S.J., *La Vie intérieure*(Paris-Lyon, Vitte 1919²) 2장 3절(25-40쪽) "La vie de Jésus en nous"를 말한다. Jean-Joseph Surin 신부의 열렬한 제자인 포슈 신부를 장따 여사가 알게 된 것은 1914~1918년 전쟁 기간이다(R. de Sinéty, *Le Père Foch*, Toulouse 1932 참조).

니다. 그리고 그 신부님이 신앙심에 관한 소책자를 내셨는데, 그 안에 정말 정확한 우주적 그리스도에 관한 몇 마디가 들어 있기 때문에 나는 그분을 나와 뜻을 같이하는 "친구"라고 생각합니다. 참, 그건 그렇고, 내 친구 피에르 샤를르 신부의 명상록 제2집[2]이 출판되었는데 알고 있습니까? (자세히 알고 싶으면 마르그리트[3]에게 물어보십시오). 그 책에는 우리에게 소중한 사상이 가득 실려 있습니다. 책을 구해 보십시오. 그래서 많은 사람들이 읽도록 하십시오.

값진 물건을 3,000kg이나 가져온다고 말했었지요. 그러나 아이디어에 대해 말하라고 한다면 내가 얼마나 주워모았는지 (학문적 작업에 상당히 몰두했기 때문에) 사실상 정확히 모릅니다. 그러나 저는 몽고에서, 최소한 하나의 확신을 가지고 돌아온다고 생각합니다. 이 확신이란 만물이 지탱되는 것(만물의 유일하고도 결정적 본질être[생명]은 그 나머지 전부를 부양해 줍니다)은 그 만물이 **그리스도 안에서** 유기적 조직을 가지기 때문이라는 사실로서,㉠ 저는 점점 더 열정적으로 이 사실에 확신을 가집니다. 모든 구성 요소와 모든 노력엔 살아 있는 하나의 길이 있다라는, 이 신념이 없다면 모든 것이 다만 텅 빈 구덩이나 먼지에 불과하다는 것을 내가 어떻게 손가락으로 감지하는지 여사께서 아신다면! 그리고 또 우리를 둘러싸고 있는 불,㉡

---

2. Pierre Charles, S.J., *La Prière de Toutes les heures* 제2집, Charles Beyaert, Bruges 1923.

3. Marguerite Teillard-Chambon.

㉠ 바울로의 그리스도론에 따라, 만물이 그리스도와 밀접해질수록 더욱 완성된다는 뜻(골로 1,16 - 20; 2,10; 에페 1,10; 4,9; 히브 1,2 참조). *Lettres de voyage*, 262쪽 참조.

㉡ 하느님 사랑, 예수를 가리킨다. "불, 존재의 근원인 불 … 태초에 냉습과 암흑은 없었고 불이 있었나이다"(*La Messe sur le Monde*, 143쪽).

오로지 우리가 하는 모든 것의 중추âme 위에만 정좌正坐하고 싶어하는 불, 이 불 안에서 **모든 것**이 변형될 수 있고 신성화될 수 있다는 나의 확신이 어떻게 성장해 가는지 아신다면 … 닝햐에서 아주 놀라운 티벳인人 선교사를 만나 기뻤습니다. 그 사람과 함께 (프랑스를 떠난 후 처음으로) 바로 이런 문제에 대해 심금을 털어놓고 이야기할 수 있었습니다. 우리는 서로 이해했다고 생각합니다. 그쪽에서 — 이런 일도 중국에 온 후 처음입니다 — 실리주의의 너울을 내 앞에서 약간 벗어올렸습니다. 사실 나는 중국에서 참된 신비론의, 불티처럼 작은 불꽃이 이 야비스런 실리주의에 눌려 있는 것을 보고서 실망하고 있었습니다. 그가 내게 말하기를, 살아 있는 이상Idéal(神)은 그것이 무엇이든 전혀 추구하지 않고, 오로지 안락한 생활만 구축하려는, 실천도덕의 법규에 한하는 유교 때문에 중국인들이 얼이 빠져 멍청해져 있다고 했습니다. 그러나 무지한 자연인들에게 걸맞은 이 경험주의 곁에는, **세상의** 리듬을 조사·탐색하고 또 **세상의**, 헤아릴 수 없이 어마어마한 발전의 투영도를 작성하는 **불타**, 그리고 모든 것을 틀림없이 보상해 줄 최고의 불타를 기다리는 전통깊은 강한 불교적 사상이 (어떤 중국 철학자나 어떤 라마승의 마음에 아직까지) 엄연히 존재하고 있다고 그가 확고하게 말했습니다. 중국을 밑바닥까지 잘 알고 있는 사람이 이렇게 힘있게 주장하는 것을 보고서, 너무나 윤리화해 버린(말하자면 지나친 유교 신봉자처럼) 우리의 종교를, 극동의 신비론의 가르침에 힘입어 어쩌면 좀더 "불교적"으로 되게 할 수 있으리라는 나의 오랜 희망이 굳어졌습니다. 또, 단순히 "**인류**"의 귀감, **훌륭한 행동의 본보기**가 아닌 그리스도, 영원부터 세상 한가운데서 준비하고 계시는 그리스도, 절대적 통치로서 모든 것을 복종하게 할 수 있고 모든 것을 동화할 수 있는 **본질**Être의 소유자인 **그리스도**, **초인간적 존재자인 그리스도**, 이 그리스도를 드디어 찾아낼 수 있으리라는 나의 간절한 희망 역시 단단해졌습니다.[4]

바로 이 생각에 대해 여러 가지를 쓰고 싶습니다. 여행 보고서 관계로 그럴 만한 시간적 여유가 있을지 모르겠습니다. 두고 보겠습니다. 그동안 여사께서는 소설을 끝내셨든지 아니면 끝내갈 것 같은데요. … 부지런한 여성이란 훌륭합니다. 그리고 어쨌든 문예부흥을 잊지 마십시오.

안녕히 계십시오. "우정 안에서, 생각 안에서", 항상 내 곁에 더 가까이 있는 이들을 위하여 하느님께 매일 간구할 때마다 여사를 잊지 않고 기억합니다.

P. 떼이야르, S.J.

---

4. 원문에는 동사가 3인칭 단수로 되어 있었으나 문법상 복수로 고쳤다.

〈해설〉

"결코 변함없는 빛은
우리가 향하고 있는 미래 속에"

떼이야르의 저서 중 두 권이 미래에 관한 것으로, 「인류의 미래」*L'Avenir de l'Homme*와 「미래의 조건」*Les Conditions de l'Avenir*이다.

  지질학자로서 고대 생물학자로서 과거를 끈질기게 파고들던 떼이야르가 미래를 끊임없이 주시했던 태도는 역설적이다. 그 이유를 최소한 두 가지로 볼 수 있겠다.

  첫째, 인간은 거대하고 풍요한 과거를 상속받았기 때문에, 건설해야 하는 미래에 그만큼 더 책임을 느껴야 하고 또한 창조주 하느님 형상으로 만들어졌기 때문에 조상으로부터 물려받은 세상을 발전시키지 않고 고스란히 자손들에게 넘겨주는 것으로 만족할 수 없다. 그래서 우리 인간은 계속해서 세상을 더욱 좋게 만들어야 하고 또 자기 자신도 개선해야 한다.

  그리고 둘째로는 오메가Omega 지점, 즉 높디높은 곳, 아득한 미래에 자리하고 있는 그 지점에서 결정적인 빛이 빛나고 있음을 확실히 알고 있었기 때문이다.

  그리고 떼이야르 신부는, "오시는 그분을 향해 나는 걸어가고 있습니다"라고 말하기를 좋아했는데, 사실상 그의 일생은, 그리스도 재림을 기다리는 대망으로 일관되었기 때문이다.

1923년 12월 12일
천진, Hautes Études. Race Course Road

친애하는 여사,

　여사께서 보낸 리오랑(내 기억 속에 참으로 아름답게 남아 있는)의 그림엽서와 9월 2일자 샹띠이에서 띄운 편지, 그리고 10월 23일에 뇌이이에서 쓴 것, 무려 세 번에 걸친 편지에 제가 빚을 졌습니다. 이렇게 자주 편지를 써서, 때로는 긴긴 이야기로, 뇌이이에 대한 그리움을 메꾸어 주시니 정말 진심으로 감사합니다. 가끔 그때가 아쉬워지는데, 즐겁고 유익했다는 두 가지 뜻에서 더욱 절실합니다. 여사의 발코니에 있는 화초 너머로, 아름다운 붉은 태양이 황금빛으로 기울어질 무렵, 여사께서는 내게 용기를 주었고 또 많이 생각하도록 도와 주었습니다. 그런 때가 다시 오리라 생각합니다. 나는 그 날을 기다리며, 천진의 저녁 나절이 음산하고 좀 싸늘하게 느껴질 때면(시각이나 피부로보다는 가슴으로 더욱더) 곰곰이 이런 생각을 해봅니다. 즉, 내가 지금 멀리 떨어져 있는 것은, 달리 이유도 있겠지만, 너무 즐거운 일만 내게 있으면, 어떤 상황에서도 오로지 그분에게만 의지해야 하는데(그렇게 하기로 내가 서원한 대로) 그러지 않을 가능성이 많으니까 주님께서 원하셔서 그런 즐거운 일들을 한동안 내게서 빼앗은 것이다라고. 그리고 이역만리에서 방도方途가 없는 나를 대신하여 주님께서 여사와 같은 여성 친구들 곁에 계시리라는 확고한 희망이 있기에, 또 사실상 여성 친구들을 위해서는 다만 이것만이 좋은 일이라고 할 수 있기에, 얼마큼 소재小齋를 지키는 마음으로 스스로 달래고 격려합니다.

최근에 받은 여사의 글에서, 강의 때문에 바쁜데도 계획한 일을 부지런히 계속하신 것을 알고 흡족했습니다. 비토리아 콜로나에 대한 원고를 너무 잠재우지 마십시오(저는 기대를 많이 하고 있습니다). 그 여성을 잘 묘사하려고 최근 자료를 너무 기다리지 마십시오. 여사가 샤르트㉠ 학교 학생이 아닙니다. 물론 그 여인의 역사적 바탕을 진지하게 검토해야 하겠지요. 그러나 그보다는 비토리아 콜로나가 특히 여사에겐 지금까지 열렬하게 말해 왔던 그리고 바라고 있는 여성의 상징으로 묘사되어야 한다고 생각합니다. 요에르겐센이 아씨시의 성 프란치스코나 시에나의 성녀 카타리나 전기¹를 쓴 것처럼 써 보십시오(아니면 쉬레㉡가 「조콩드」㉢를 썼듯이 쓰십시오).² 그러면 여사께서 자신의 "이유"㉣를 촉진시키기 위해, 차지하고 싶은 영향력있는 자리로 새로운 걸음을 한 발자국 진지하게 내딛는 것이 될 것입니다. 여사의 과업을 추슬러 낼 수 없을까봐 마음 조이시는 것 이해합니다. 그것은 인간의 커다란 고민거리 중 하나입니다. 이 고민거리, 아픔을 우리는 진실 안에서 그리고 하느님의 빛 안에서 정면으로 직시해야 합니다. 왜냐하면 우리가 이 태양을 따라 살고 있기 때문입니다. 여사 자신의 위치를 의식하여, 공연히 노심초사하

㉠ 파리에 있는 고문서 학교.

1. T. de Wyzewa가 덴마크어에서 불어로 번역하여 Paris, Beauchesne에서 출간한 J. Joergensen의 *Saint François d'Assise. La vie et sou oeuvre*, 1910; *Sainte Catherine de Sienne*, 1920.

㉡ Edouard Schuré(1841~1929): 비평가며 역사가.　㉢ Joconde: 「모나리자」의 별명.

2. E. Schuré, *Les prophètes de la Renaissance, Dante, Léonard de Vinci, Raphaël, Michel-Ange*, Paris 1920을 암시한 것 같다.

㉣ 68쪽 ㉡ 참조.

86 편 지

지 마십시오. 하여간 **하느님께선**, **창조의 거대한 작업의 성공을 위해 오로지 한 가지만 필요로 하신다는 것을 반드시 기억하십시오. 그 한 가지란 최선을 다하는 것**입니다. **할 수 있는 능력을 모두 바치는** 그때부터 역사는 하느님의 **창조적** 역사役事에 최대한으로 일치하는 것입니다. 이것을 잘 이해하십시오. 말하자면, 우리가 살아 존재하는 데 있어서 (우리의 삶이 충만하기 위해) 한 가지 중요한 것은, 하느님이 원하신 정확한 자리를 어김없이 지키는 것으로서 그 자리가 어디인지는 표시가 되어 있습니다. 즉, 우리의 노력(성공하기 위한 그리고 우리를 발전시키기 위한)과 사물들의 저항(우리를 제한하는) 사이에 자리잡는 평형équilibre에 의해 그 위치가 끊임없이 뚜렷하게 표시됩니다. 바로 그 자리에 서 있을 때, 우리는 최고도로 쓸모있는 우주 속의 충실한 원자, **그리스도의 성심과 성체**에 진실로 부속된 원자가 됩니다. 영감과 지성의 힘이 부족할 때라도 기억해야 할 것은, 우리는 의향과 신앙을 강화해 주는 자원을 가지고 있다는 이 사실입니다. 내가 그쪽을 향해 나가면 나갈수록, 그쪽에서 부여해 주는 우리의 힘과 능력이 불가사의함을 나는 더욱 생각하게 됩니다. 역사 자신이 강하지도 못하고 자신감도 없다고 느낄수록, 역사의 노력을 바치겠다고 선서한 무소부재하신 **존재자**의 의도를 자신 안에 더욱더 강화해야 합니다. 가장 하잘것없는 노력이라도 **그리스도 안에서** (물리적으로, 구체적으로) 움직이는 **애덕있는**⑫ 이 의식이 바탕이 되어 이루어진다면 그 겸손한 노력의 결과 속에는, 세상의 진실된 심금을 울리는 메아리(이것이 그리스도인의 기본 신앙입니

---

⑫ aimant(애덕있는)은 항상 너그럽게 사랑할 자세가 되어 있다는 형용사로 잘 사용하지 않는다. 떼이야르는 이 단어를 가끔 즐겨 쓴다(108-9 125쪽 참조).

1923년 12월 12일 87

다), 즉 순전히 "인간에 의한" 울림vibration은 그 어떤 것도 흉내조차 낼 수 없는 울림이 들어 있습니다. 결국 여사께 말씀드리고 싶은 것은, 스스로 느끼고 있는 부족한 점을, 정신적 내면생활과 "신비적 시각"을 배가倍加함으로써 보충하시라는 이 말입니다.

또 (그전에 이 말을 드린 일이 있는지 모르겠습니다) 이젠, 다른 사람들의 이야기를 듣는 데 시간을 너무 할애하지 마십시오. 아울러, 여사가 하고 있는 활동의 의미나 이유에 대해서도 항상 재검토하지 마십시오. 우주가 제자리걸음한다는 것 그리고 인류의 노력이 증발하여 무無가 된다는 것, 이런 것이 추상적으로는 가능함을 나도 여사처럼 느낍니다. 게다가 또 여사가 생각하듯, 이 문제만 별도로 고찰한다면, 나는 우리의 의식 중 사후死後에 남는 것에 대해 확신이 없어 망설이게 될 것입니다. 그러나 보십시오. 우주의 모든 움직임이 우리에게 지고至高의 일치를 촉구하고 있습니다. 그리고 이런 우주에 대한 풍성한 확신 안에서만, 의미있는 삶이 계속 있어 왔음을 나는 보았고 나는 경험했습니다. 내가 이 확신에 살고 그리고 이 확신을 현실화한 바로 그때부터 더는 캐어들지 않습니다. 따라서 이 확신이 더욱 굳어지니 어떤 진행을 강렬하게 믿게 됩니다. 그러니 이 진행을 부정하는 사람들을 악질적인 이단자로 제가 간주하게 되지요. 그리고 불안스런 미지의 "저 세상"에 대해 안심하려고, 나를 이끌어 당기시는 가장 위대한 어른의 팔에 안겨 눈을 감습니다. 세상을 인도해 가는 에너지를 신뢰하노라고 항상 공공연하게 떠드는 사람이라도 이 에너지를 전혀 두려워하지 않는다고는 생각하지 않습니다. 우리는 저 건너편에서 아주 새로운 어떤 우리가 될 것입니다. 어쨌든 분명한 것은, 그것이 우리는 우리인데 더 나은 우리일 것입니다.

나의 천진 생활에 대해선 이야깃거리가 별로 없습니다. 내가 중국에 6개월 더 체류하게 되었다는 소식은 마르그리트에게서 들었을 것입니다. 이렇게 결정짓고서 가장 고통스러웠던 것은 누이 마르그리트가 마음 아파하는 것이었습니다. 그러나 (누이를 위해) 최선이라 생각한 것을 하지 않았다면 나는 누이의 사랑을 받을 자격이 없었을 것입니다(이 점은 여사에게도 마찬가지입니다. 그렇지 않습니까?). 알고 계시겠지만, 오는 봄에 "타르타리⑭로" 두번째 여행을 떠나는 문제 때문입니다(그래서 내가 돌아가는 것이 여름으로 늦추어졌습니다).³ 처음엔 이 탐험을 승낙하는 데 약간 망설였습니다. 그런데 마르슬랭 불 씨도 응낙하라고 권유했고(여사의 편지와 같은 날 받은 그의 편지에), 그리고 나의 장상들도 모두 이 탐험을 승낙하라고 정식으로 편지를 써서 격려하는 것이었습니다. 그러니 우물거릴 수 없었지요. 가장 따분한 일은 겨울을 어떻게 보내느냐 하는 것입니다. 그렇지만 북경도 몇 번 다녀오고 원고도 좀 쓰고, 그리고 화석도 좀 만지고 그러노라면 겨울이 빨리 지나갈 것입니다. 어떤 의미에선 이 고적한 생활이 나에겐 참 좋습니다. 오로지 하느님만 더욱더 의지하기 때문입니다. 아울러 여사의 편지도 내겐 역시 항상 좋습니다.

안녕히 계십시오.

P. 떼이야르, S.J.

아래 적힌 주소로 편지 보내십시오. 시베리아 횡단 열차가 목요일마다 파리에서 출발합니다.

---

⑭ Tartarie: 러시아 극동지방과 사할린 섬 사이의 해협.
3. *Lettres de voyage*, 67-8쪽; C. Cuénot의 전게서 71쪽 참조.

⟨해설⟩

여인, 여성

떼이야르는 답장을 쓸 때 종종 상대방의 생활 주변에 관심을 가지고 관여한다. 그 한 예로서, 이 편지에선, 레옹틴느 장따가 고심하며 준비하고 있던 책에 대해 관심을 보인다.

즉, 미켈란젤로의 구원救援의 여인이었던 비토리아 콜로나에 관한 장따의 저술에 관한 것이다. 그는 이 작품의 주제인 "여인"이 지니고 있는 이점利點을 모두 열거함으로써 장따의 용기를 북돋운다. 그녀가 옹호하는 것은 남녀동권주의지만 떼이야르가 열중하고 있었던 것은 그가 여성이라고 지칭한 그 어떤 것으로, 일반적인 여성의 개념과는 완전히 다른 것이다.

떼이야르의 작품에서 여성이 자주 언급되고 있다. 그의 글 중 세 가지, *L'Eternel Féminin*(1818), *L'Évolution de la Chasteté*(1934) 그리고 *Le Coeur de la Matière*(1950)의 결구結句로 쓰인 "le Féminin ou l'Unitif"가 이 문제를 구체적으로 다루고 있다.

떼이야르에게 있어 여성이란, 창조의 시발에서부터, 이미 최하급의 존재들이 내재하고 있던, 만물을 종합하는 힘으로서, 이 힘은 모든 존재물을 점점 더 일치하도록 밀어붙이며 완전한 합일의 길로 이끄는 것이다.

우주의 완전한 일치를 그리스도 안에서만 생각하는 떼이야르 신부에겐, 마리아가 바로 위에서 말한 여성의 가장 높은 상징이며 그리고 실현된 존재이다.

1924년 1월 25일
천진

친애하는 여사,

 지금 쓰고 있는 편지가 아무래도 엿새 후라야 겨우 길을 떠날 것이 뻔하지만, 여사의 반가운 12월 28일~31일자 편지를 막 받고 보니 답장을 서둘지 않을 수 없습니다. 파리의 인정스런 생활을 문득문득 아쉬워하는 저에게, 그곳 소식을 자상하게 보내주어 멀리서 그 생활을 다소나마 맛보게 되니 감사합니다. 여성들의 사회참여에 대한 여사의 기사[1]를 대단히 흥미있게 읽었습니다. 남녀동권주의의 일환으로 이런 운동이 실제로 성공할 수 있다고 보는 여사의 견해는 옳습니다. 여성들이 바깥 사회에 자리를 마련할 수 있는 길은, 여성권리의 합법성을 왈가왈부 주장하기보다는 오히려 자신들의 위치가 사회에서 필요불가결하게 되도록 만드는 데 있습니다. 가장 "원시적"이라고 간주하는 서민들의 집단 속에 축적되어 가는 종교적 진액(활기)에 대해 여사께서 가릭 씨[2]를 본떠 내게 말한 그것은 나의 가장 소중한 희망에 일치되는 것이라 기뻐서 가슴이 설레입니다. 네, 여사께서는, 이 인류라는 질료質料 속에서, 약간 혼란하지만 지극히 생

---

1. 1922년에 여성들의 사회참여 운동을 시작한 퐁생 여사가 장따 여사에게 협조를 구했을 때, 즉시 마음이 끌린 그녀가 이 운동에 적극 참여했다. 『파리의 메아리』에 장따 여사가 정기적으로 글을 쓰고 있었는데, 그 이전에 벌써 당시 이 신문의 Henri Simon 국장이 그녀를 소개한 바 있었다. 그래서 여러번 거기에 논설을 냈고 특히 1923년 11월 20일 화요일자엔 일면 기사로 「여성들의 사회참여」가 "문학박사 레옹틴느 장따"라는 이름으로 실렸다.
2. Robert Garric 씨는 1919년에 "사회참여 팀"을 창시, 1923년 8월 12일자 『파리의 메아리』에 「사회참여 팀과 그들의 활동」이라는 기사를 써서 소개했다.

기념치는 이 질료 속에서 마음껏 먹감으십시오.⑦ 그러면 틀림없이 원기가 솟구칠 것입니다. 그러나 여사가 지금 준비하고 있는 개인적인 일도 중요합니다. 잊지 마십시오. 물론 일용할 양식을 위해 일을 해야 하지만 조금이라도 여유가 생긴다면 … 하는 말입니다. 여사의 진정한 힘은 사색을 통해, 하느님과의 만남을 통해, 스스로 영위할 수 있는 정신적 긴장 안에 있습니다. **말씀**에 관해 학위 논문을 쓰고 싶어하는 젊은 선생ⓒ에 대한 이야기를 저에게 쓰다가 여사께서 중단해 버린 것이 좀 섭섭합니다. 내가 현대사에 무지한 탓으로, 17세기가 — 쉬랭과 랄르망ⓒ을 제외하고서 — **우주적인 그리스도**를 이해했으리라고는 상상하지 못했습니다(이 당시 사람들이 **세상**을 단련하고 훈육했다고 지나치게 확신하지 않았습니까? 또 필요 이상으로 "현명"했었기 때문에 **전체**(萬有)에게 자신을 헌신할 필요도 느끼지 않았습니다. 그렇지요?). 여사의 그 젊은 친구가 문제를 다루면서 결국 역사적인 관계를 알아낼 수 있었다면 정말 잘된 것입니다. 이 젊은 이가 만약 그 논제를 철학적으로 정면에서 접근해 간다면, 얼마 안가서 **신학자들**의 노련한 감시를 등 뒤에 받게 될 것 같아 정말 염려스럽습니다. 내가 파리에 돌아갔을 때, 장래가 촉망되는 그런 청년을 만날 수 있다면 참으로 기쁘겠습니다.

내 소식은 아주 새롭다 할 만한 것이 아무것도 없습니다. 최선을 다해 열심히 일하노라면 4월이 올 것이고 그러면 예정에 따라 두번

---

⑦ "인간의 아들아, 질료 속에서 먹감으라 …"(*Le Coeur de la Matiere*, Teilhard de Chardin, 86쪽). 106쪽 ⑦, 119쪽 ⑦ 참조.

ⓒ agrégé: 국립대학 교수 자격자.

ⓒ André Lallemant(1904~1978): 프랑스 천문학자.

째 여행을 떠날 것입니다. 이 여행이 원칙적으로는 확정된 것이지만 실제적으로는 아직까지 어디로 갈 것인지 방향도 못 잡고 있습니다. 요즈음 도적떼가, 지난 여름 내가 지나갔던 지방에서부터 나타나기 시작하더니 도처에 출몰하고 있습니다. 어쩌면 우리가 동부 몽고 지방으로 갈 것 같습니다. 정월이 되면서 각 나라 사람들을 많이 만날 기회가 있었습니다. 특히 북경에서 개최된 지질학회에서 중국, 미국, 영국, 러시아, 스웨덴 사람들을 만났습니다. 11월에도 그랬었는데 (이와 비슷한 모임에서) 따뜻한 온정의 분위기가 이 바벨탑에 순식간에 군림하는 것을 보고 정말 놀랐습니다. 사람들이 모두 행복하고 즐겁기 위해선 확실히 필요한 것이 있는데, 그것은 모두가 일치하여 한마음이 되는 것입니다. 엊그제, 지질학 연구소[3] 중국인 부장과 그의 친구인, 물론 이 사람도 중국인이지요, 천진대학교 인류학 교수와 함께 저녁 먹으러 나갔었는데 아주 친한 사람들끼리의 모임이었습니다. 부장 되시는 분은 이름이 쟁쟁한 팅 박사로서, 내가 알고 있는 중국인 중에서 아마 가장 개방적일 것이며 그리고 가장 높은 지성의 소유자일 것입니다. 더구나 그는 신新중국의 모든 지식인 지도자들과 친교를 가지고 있으며 그들과 항상 의견을 교환하고 있습니다. 우리가 궐련을 태우는 동안이나, 작은 입방체로 자른 고기와 쌀밥 그리고 해삼이 든 국 등등(다행히 내겐 젓가락 대신 포크와 숟가락을 주었습니다)을 먹는 동안에 나는 단도직입적으로 중국 철학과 중국인의 종교적 기질에 대해 화제를 끄집어냈습니다. 팅 씨의 대답이 대충 이러했습니다. "이 지구상의 모든 사람들과 다를 바 없

---

3. 중국, 미국, 스웨덴인들의 센터, 지질학 연구소.

이 중국인 역시 종교(말하자면 인생의 정당화)가 필요하다. 그러나 바로 지금은 당면한 문제거리가 너무나 방대하고 복잡해서 다른 것은 고사하고 바로 코앞에 떨어진 것조차도 해결책을 못 찾고 있다고 생각한다. 게다가 그들은, 과거의 미신적인 신앙에 반발하는 현시대에 살고 있다. 지금 중국엔, 18세기 때 프랑스처럼 반종교적인 사조가 흐르고 있다. 그런데 이런 추세가 그들에겐 아주 잘된 것이다. 왜냐하면 그들은 천성적으로 실용주의자들이며 **불가지론자**들이기 때문이다. 현시점에선 그들에게 독창적인 철학이 없다. 왜냐하면 정치적 액운 때문에 생각하는 관습이 망가졌기 때문이다. 다음으론, 중국인들이 아직까지 미국이나 유럽 사상가들의 영향을 지나치게 받고 있다. 그래서 참신한 진로 개척이 힘들다." 전부 통틀어도 맥빠지는 이야기뿐이었습니다. 중국인들은 정말 코를 땅에 박고 있는 지극히 물질적인 사람들입니다. 신비적인 힘이나 종교적인 힘이, 그래도 그들의 영혼 어느 한 구석에 도사리고 있는 건지, 아니면 뜻밖의 알 수 없는 모습으로 감추어져 있는 건지, 도대체 의아스럽습니다. 내 눈엔 팅 씨조차 종교의 탐구를 학문적인 하나의 방대한 기업으로 간주하는 것같이 보였습니다. 절대자는 우리가 "힘으로 **붙잡을 수**" 없습니다. 그러나 **절대자**를 기다리는 마음의 소유자들에게는 틀림없이 자신을 나타내 보이시고 "자신을 내어주십니다". 이것은 너무나 명백한 사실입니다. 그런데도 말입니다. 우리가 다짐해야 할 것은 **그리스도교**가 사람들의 관심을 끌 수 있도록, 또한 극동인들의 공감을 얻을 수 있도록, 그리스도교의 신비, 위대성, 중요성, 그리고 촉지할 수 있는 **우주의 문제들**, 이 모두를 부연해 주는(최소한으로 줄인다면 안되는 말씀!)

형식을 갖춘 다음(우리가 간절히 바라는 것입니다. 그렇지 않습니까?) 그리스도를 소개해야 할 것입니다.

바로 이 문제들을 토론하고 권장할 수 있는 그런 환경에 있을 필요를 느끼기 시작합니다. 그렇지만 한 해에 걸친 이 기나긴 "피정"이 어쨌든 내겐 유익하게 되리라 믿고 있습니다. 대지大地가, 바로 대지 자신이 우리에게 숭고자崇高者를 전달해 주는 불가사의한 힘을 간직하고 있으면서도, 대지의 모든 현재나 과거가 내겐 점점 더 파리해져 가는 것 같은 인상이 듭니다. 황홀한 것은 미래입니다. 그리고 나는 곳곳에 태어나는 하느님의 작열하는 미래를 봅니다.

잘해 나가십시오.

여사의 친구, P. 떼이야르, S.J.

지난번에 언제쯤 내가 편지를 띄웠는지 기억이 없어서, 만약 세배를 하지 않았다면 지금 새해 인사를 보냅니다. ─ "새해에 복 많이 받으십시오." ─ 여사가 하시는 일에, 가장 사소한 일일지라도, 우리 주님께서 함께하소서. 이것이 여사를 향한 저의 기원입니다. 여사께서도 가엾게 죽은 바레스㉡를 틀림없이 애도했을 것입니다!⁴

㉡ Maurice Barrès(1862~1923): 아카데미 프랑세즈 회원, 작가, 국민주의자.
4. 모리스 바레스가 1923년 12월 4일에 갑자기 서거했다.

1924년 1월 25일

〈해설〉

떼이야르가 말하는 "발생"
"곳곳에 태어나는 하느님"

바로 앞 편지의 끝줄에 있는 이 표현이, 떼이야르가 말년에 쓴 한 기도문을 상기시킨다. 그는 *Le Coeur de la Matière*(1950)의 결론인 그 유명한, "항상 더 위대하신 그리스도께 드리는 기도"에서 이렇게 쓰고 있다. "하느님 당신을 위해선 완성하셨지만 우리를 위해선 태어남을 결코 그치지 않는 하느님 …"

태어남naissance이라는 낱말을 떼이야르가 발생genèse으로 대치시켰는데, 이 낱말은 그가 가장 많이 사용했던 단어의 하나다. 떼이야르의 사상에 깊이 파고들기를 원한다면 이 말을 잘 이해하는 것이 중요하다.

발생이란 단지 탄생이나 생성의 뜻으로만 이해해서는 안된다. 그것은 시작일 뿐만이 아니라 아울러 완전한 실현에 이르는 발전의 뜻을 내포한다.

그가 말하는 우주발생Cosmogénèse이란 이와같이 하느님 안에서 우주가 태어나 하느님 안에서 우주가 완전해지기까지의 발전을 뜻한다.

생물발생Biogénèse은 생명이 출현하여 인간의 생명, 정신적 생명, 신비적 생명으로 발전하는 것과 그리고 하느님 생명 안에서 그것이 활짝 피기까지의 모든 발전을 의미한다.

그리고 정신발생Noogénèse은 인간이라는 개체 안에 심사숙고réflexion가 출현하여 하느님의 영靈 안에서 세상의 영화spiritualisation가 완성할 때까지의 모든 발전을 말한다.

결국 그리스도 발생Christogénèse이란 마리아의 태중 안에서 말씀이 육화肉化한 그 신비를 뜻하며 또한 그리스도께서, 당신의 몸이신 교회 안에서, 우주적인 당신의 몸 안에서, 계속 커져가며, 당신이 다시 오실 때까지, 우주가 하느님 성삼위의 완전무결 안에서 그리스도화를 향해 계속 진행함을 말한다.

1924년 5월 20일
림시(동부 몽고)

친애하는 여사,

　이 편지를 보내고 나면 아마 이곳 중국에서는 여사께 더 이상 쓰지 않을 것입니다. 3월 2일자 여사의 편지에 대한 회답이 다소 늦어졌습니다. 그 편지가 3월 말에 도착하기도 했지만 실은 그것을 천진에다 두고 왔기 때문에 지금 자세하게 회답을 쓸 수 없습니다. 4월 3일에 우리가 두번째 여행을 떠났는데 이제야 목적지 가까이 도착했습니다. 어딘가 하면 고비 대고원의 동쪽 변두리입니다. 이번 여행 일정에 필요한 몽고인의 달구지들을 구하게 되면 이 달 말에 곧장 그곳으로 들어가고 싶습니다. 우리가 수노새를 타고 암석으로 뒤덮인 산간 지방을 지나온 것이 벌써 두 달이 다 되어갑니다. 찬 기운 어린 험준한 모습이, 마치 캉탈이나 블레ⓐ에 나무 한 그루도 없고 덤불도 없다면 아주 흡사할 것 같았습니다. 이 지방의 현재 여러 가지 상태는 식민자인 중국인들의 유린과 직결되어 있습니다. 이 중국인들이 선견지명이 없었던 탓이지요. 그래서 물이 이상하게 흘러내려가면서 그들의 땅을 모두 앗아가고 있습니다. 여기서 가까운 몽고 지방이나 이제 막 식민지가 된 곳은 초목이 무성하며 수풀 속에는 목에 줄무늬가 있는 아름다운 꿩들이 한창 서식하고 있습니다. 아직까지 눈에 번쩍 띌 만한 것은 발견하지 못했습니다. 그러나 일은 상당히 많습니다. 7월 중순쯤 우리가 이곳 고비를 떠나 돌아갈 생각인

ⓐ　Cantal, Velay: 프랑스 중부의 산악지방.

데 그러면 나는 천진에 한 달 동안 있으면서 짐을 꾸릴 것입니다. 만약 모든 것이 순조롭게 진행되면, 내가 상하이에서 9월에 첫배를 탈 것이고 그럼 파리엔 10월 중순경에 도착하게 될 것입니다.

거기 가면 교권지상주의敎權至上主義에 관한 비관적인 소식들이 내게 들어올 것입니다. 나는 "글"을 쓰되 사람들이 공격할 수 없는 영역에다 그 내용을 국한시키는 방법을 취할 것입니다. 그러나 여사께서 으레 짐작하고 있겠지만, 세상의 어떤 세력도 나의 최대한의 영향력이나 그 영향의 방향을 바꾸지 못할 것입니다. 주님의 역사役事는 몇몇 둔재鈍才나 바리사이들의 가장 불쾌한 책동 속에까지도 파고들어가 구현될 수 있음을, 주님께서 우리에게 보여주심으로써 우리가 이 자세를 고통 없이 지켜나갈 수 있도록, 오로지 우리 주님께만 부탁드립시다. 이젠 내 모든 정신적 삶의 방향이 정해졌습니다. "이 세상의 내적·외적 모든 힘"ⓒ 안에서 발견된 하느님, 이 하느님과의 일치 가운데서 나의 정신적 삶은 갈수록 더욱 견고해집니다. 그렇지만 이 자세가 유효하려면 이 두 세력, 무슨 말인가 하면, 사상의 영역에 가해지는 "박해"나 죽음이라는 두 세력에서 **어떤 것도** 배제해서는 안되며 모두 감수해야 된다는 이야기입니다. 우리가 믿기만 한다면 모든 것은 우리 주님 안에서 변형될 수 있습니다. 여사께 내가 이런 진술문을 작성했노라고 아마 전에 말한 일이 있을 것입니다. 그것은 나의 크리스첸 생활의 일반적 양식을 밝히는 진술문으로서, 즉 "신앙에 의해 성스럽게 된 세상에 성실하게 일치하는 것" 이것입니다. 내 생각에 이 진술문은 철저해서 공격할 수 없다고 봅니다.

ⓒ 135쪽 참조.

몇 달 후 여사를 만나게 되면 내가 얼마나 기뻐할지 여사는 아실 것입니다. 콜레즈 드 프랑스의 일[1]이 잘 되지 않아 유감입니다. 그러나 여사께서 어찌할 수 없다면, 일이 되어가는 대로 즉시 따라가십시오. 여사는 주위의 여러 사상가들에게 많은 영향을 주고 있습니다. 그 활동이 약간 분산되고, 약간 연속성이 없다고 해서 염려하지 마십시오. 우리의 인생이 아름다워야 하고 성공해야 한다고, 우리가 절대적으로 생각해 왔지만, 그것이 본질적으로 중요한 것이 아닙니다. 흔히 인생이란 사람들이 걸핏하면 무시하는 측면을 통해 비옥해지고 풍부해집니다.

마르그리트에게 참된 우정을 한결같이 베풀어 주어 늘 감사하게 생각합니다. 누이가 편지에, 여사께서 자기를 위해 해준 일을 하나 가득 실어서 내게 보냈습니다. 이것 역시 여사의 삶에서 하나의 유익한 업적이 아니겠습니까?

휴가 잘 보내십시오.

여사에게 충실한, P. 떼이야르, S.J.

---

1. 장따 여사에 관한 일 같으나 알 수 없다. 아마 콜레즈 드 프랑스에 여사가 어떤 강의를 하는 일 같다.

〈해설〉

"신앙에 의해 성스럽게 된 세상에
성실하게 일치하는 것"

위의 문구에 성체성사에 대한 떼이야르 신부의 영성spiritualité의 골자가 요약되어 있다. 떼이야르는 진정한 학자일 뿐 아니라 일생 동안 자기 사제직에 충실한 성인聖人 같은 신부였다. 성직자들 중 사제직에 관해 자주 언급하는 신부는 별로 없다. 그런데 떼이야르는 성체성사와 그리스도 사제직의 신비에 대해 여러 편의 글을 썼다.

  1917년 군복무 당시 사제로서 그는 「질료 안의 그리스도」Christ dans la Matière라는 글에서 군인으로서 경험했던 두 가지 신비를 이야기하고 있다.

  한 가지는 "성체현시"l'Ostensoir로서, 어느 성당 안에서 성체현시중에 성체가 온 세상에 침투해 들어와 그리스도의 몸으로 바뀌는 것을 보았다.

  둘째는 "성체보"la custode라는 것인데, 떼이야르 자신이 방금 영한 성체 조각이 자기가 만났던 모든 사람과 하루 동안에 일어날 모든 일 속에 들어가 그리스도의 몸으로 재현(영성체로서)될 수 있도록 자기한테서 달아나는 것 같았다는 것이다.

  「사제」Le Prêtre(1918)나 「온 세상으로 함께 드리는 미사」La Messe sur le Monde(1923) 등 다른 많은 글에서도 온 세상의 모든 생명은 봉헌되고 거룩해지고 배령(영성체)될 거대한 성찬이라고 말한다.

  미사 때 빵과 포도주가 그리스도의 몸과 피가 되듯, 모든 인류와 온 우주의 모든 노고는 그리스도 안에서 변형된다. 그것은 믿음 안에서 이루어지는 하느님 은총의 역사役事다.

1926년 8월 28일
천진

친애하는 벗님,

　방금 여기 도착하자 6월 27일자 여사의 편지를 받았습니다. 나 역시 여사의 아담한 비둘기장 안에, 늘 앉던 그 자리에, 내가 돌아가 있는 공상을 종종 합니다. 우리들의 첫번째 여행에선 내가 기대했던 성과를 거두지 못했습니다. 티벳 변경을 향해 출발했는데 길을 반도 채 못 가서 전쟁 때문에 발이 완전히 묶여 버렸습니다. 그래서 들어가기 쉬운 지방(섬서)만 두 달 동안 다녔더니 성과가 적었습니다. 일은 많이 했다고 생각하는데 결과는 오히려 반대입니다. 다음달엔 화석이 풍부한 지층을 채굴하러 갈 작정입니다. 그곳은 북경에서 이틀 걸리는 거리에 있습니다. 최근에 묵덴 부대가 승리했기 때문에 얼마 전에 길이 트여 들어갈 수 있습니다. 올봄에는 극서極西 여행을 또 했으면 해서 무척 기다립니다만, 모든 형편이 바라는 대로 될는지 도저히 짐작할 수 없습니다. 그러나 결국은 "하느님의 기발하고 독창적인 생각"divine fantaisie 이외 그 어떤 것도, 절대로 귀중하거나 절대로 필요불가결한 것은 아무것도 없습니다. 그렇지 않습니까? 여사의 소설이 『코레스퐁당』 잡지에서 호평을 얻었다니 반갑습니다.[1] 또 비토리아 콜로나가 진척되어서 기쁩니다. 이 비토리아 콜로나에 대해선 내 의견을 참조하시고 과거의 사실에 대해선 역사적인 근거를 확인하도록 노력하십시오. 그러나 더욱더 새로운 열망의 소유자들을

---

1. 그 무렵 나온 장따의 소설 *La part du feu*(포기)가 *Correspondant*에 소개되었다.

위한 대변자가 되십시오. 비토리아 콜로나가 여사에겐 하나의 받침돌, 하나의 상징이어야 합니다. 만약 여사께서 그녀를 정확하게 재생시키지 않는다면 유감입니다. 중요한 점은 비토리아 콜로나가 여사에게 생기를 주어 활기있게 해야 하는 것이고 또한 그녀가, 이를테면 여사를 베일로 가려야 하는 것입니다. 나는, 으레, 지질학에 제법 열중하고 있습니다. 그렇지만 이 학문에서 내게 극히 필요한 실재(réel)와 접촉을 가집니다. 그렇다고 해서 나의 정신이 거기에 파묻혀 매몰된다고 생각하지 않습니다. 요즈음 이상하게도 내가 특별히 놀라는 일이 있습니다. 그것은 현재 **인류**가 그들의 가장 기본적인 필요가 되는 신앙에 대해 머뭇거리고 있다는 이것입니다. "하느님께로 돌아옴conversions"이라는 문제에 있어서는, 그리스도교가 눈에 보이도록 제자리걸음하고 있습니다. **하느님 나라**는 분명히 현행 노선現行路線에 의해 세워지지 않을 것입니다. — 그러나 인류의 거대한 더미 속에 물과 불처럼 퍼져나갈(또 한 번 인류의 역사 속에) 어떤 재생再生, 어떤 "계시"에 의해 세워질 것입니다. 이것을 우리가 갈망하고 준비해야 합니다. 여사와 종종 이런 이야기를 했었지요. 창조의 기나긴 노고가 기한이 찼을 때 **주님** 안에서 거룩해지고 완전해지는 세상과 우리 **주님** 사이에 언젠가 이루어질 결합을 의식했을 때, 불똥이 용솟음치듯 번쩍거리며 튕길 것이라고. 그런데 내가 보기엔 이것이 사실인 것 같습니다. 보십시오! 시카고에 모였던 군중㉠에게 진작 이 말을 소리쳤어야만 했습니다. 사물(만물)의 전폭적인 신성화神性化와 측량할 수 없는 단일성單一性에 대한 견해(지론)가 갈수록 명백한

㉠ 1925년 시카고에서 거행된 국제 성체대회에 모인 사람들을 가르쳤음(*Accomplir l'homme* 51쪽 참조. *Lettres inédites* 48쪽 참조).

것 같고, 갈수록 모두에게 접근하기 쉬운 것 같고, 갈수록 해방자(구원자)같이 내게 보입니다. 이 견해(지론)는 좌파나 우파에 있는 좋은 것을 애쓰지 않고서, 모두 남김없이 끄집어내어 종합합니다. 이번에 돌아가면 더 발언할 수 있고 더 남을 이해시킬 수 있도록 기도해 주십시오. 그리고 또 우리 주님께서, 내가 말할 수 있는 기회를 마련해 주시도록 (만약 시기상조가 아니라면) 기도해 주십시오. 내가 인내할 수 있는, 한 가지 이유는 이것입니다. 즉, 우리가 사는 동안 여사와 나 그리고 다른 많은 사람들이 보는 바를 설사 우리가 밖으로 표현할 수 없다 해도, 하느님께서 이미 우리를, 하늘과 땅에 대한 불가사의한 사랑의 결합을 위해, 실험의 들판champ d'expérience으로 많이 사용하셨을 것이라는 사실입니다.ⓒ 일단, 인류의 거대한 더미 속, 그 어느 한구석에 끼여든 눈(胚)은, 어떻게 그렇게 되는지 우리가 알 수 없지만, 막을 수 없을 정도로 이 더미 안에 샅샅이 퍼져나갈 것입니다. 요컨대, 우리는 모두 하느님 손 안에서 그분의 감화 아래 성실해야 한다는 것입니다. 이것이 바로 번번이 제가 여사께 부탁드리는 바입니다.

　이번 여행이 내겐 재미없었습니다. 다시는 제발 맙소사, 사막만 지겹도록 보았습니다. 나는 특히 옛 중국을 찾았습니다. 깡마른 산들과 인구가 빽빽이 들어찬 계곡을 돌아다녔습니다. 곳곳에 도로가 수레바퀴로 파여 있었고 절간의 탑들이 쓰러져 있었으며 옛날 비석들은 들판 한가운데 파묻혀 있었습니다. 그러나 다른 한편에선, 이 나라 지식층 엘리트들이 묵은 껍질을 탈피하고 있는 것도 알고 있습

ⓒ 54 105 181 184쪽 참조.

1926년 8월 28일

니다. 한 세기 후면 탈바꿈이 이루어질 것입니다. 중국이 현 상태를 벗어나 연구 분야에서 서양을 도울 수 있게 될지, 아니면 한갓 모방자 중국으로만 남아 있을지 누가 그것을 장담할 수 있겠습니까?

곧 다시 쓰겠습니다. **여사의** 소식과 파리 소식을 가끔 보내주십시오.

여사가 내게 얼마나 참된 벗임을 알고 있겠지요.

벗님의 …

P. 떼이야르, S.J.

⟨해설⟩
"하늘과 땅에 대한 불가사의한 사랑의 결합"

우리들의 하늘에 대한 사랑과 땅에 대한 사랑, 이 두 사랑을 하나로 결합시키는 것, 이것은 떼이야르 신부의 일생을 통한 모든 노력을 요약한 말이라고 할 수 있다.

  그가 마음을 다했던 두 가지 사랑, 그 어느 것도 배반하지 않기로 굳게 결심했던 사랑, 하늘에 대한 사랑과 땅에 대한 사랑, 하느님을 향한 사랑과 우주를 향한 사랑, 창조주에 대한 사랑과 피조물에 대한 사랑, 즉 이 두 가지 사랑의 계시를 떼이야르는 유년시절부터 받았었고 또 그 사랑의 맛을 음미했었다.

  그의 전 생애는 이 두 사랑에 대한 충실성으로 일관된다.

  그러나 탐구자 떼이야르가 자기의 이 두 사랑을 하나로 만들 수 있도록 해주는 방식formule, 즉 대大화해와 종합, 다시 말해서 "땅에 대한 사랑의 완성을 통해 하늘에 대한 사랑에 이른다"는 명제를 한결같이 추구해서 발견하기까지 위기와 투쟁이 없었던 것은 아니다. 떼이야르의 저서를 잘 이해하려면 열쇠와 같은 이 명제를 시간을 가지고 깊이 고찰해야 한다.

  떼이야르가 죽기 사흘 전에 쓴 일기의 마지막 쪽에 "나의 신경credo의 두 가지 조항"이 있는데 아래와 같다.

  ① 우주는 앞으로 진행, 위로 진행, 진화하면서 중심을 향해 집중해 간다.
  ② 그리스도는 우주의 중심이다.

  이것은 위에서 말한 것과 서로 상통한다.

1926년 10월 15일
천진

친애하는 벗님,

　지난 주일, 북경 서북쪽으로 3주간 여행을 하고 돌아와서, 여사의 반갑고 소중한 9월 15일자 편지를 받았습니다. 이 여행에서 화석들과 지질학상 가치있는 것들을 상당히 많이 가지고 왔습니다. 이번 방학 동안, 여사께서 사실상 좀 호사스럽게 지냈다는 것을 알았지만 내가 여사를 잘 알고 있기 때문에 유감스럽게 생각지 않습니다. 왜냐하면 사람들이 안락의자에 푹 파묻혀 녹초가 되어 있는 것을 여지없이 비판하던 여사의 그 기력을 내가 좋아했기 때문입니다. 질료matière의 사용이나 소유에 있어 정확하게 중용을 지킬 줄 안다는 것은 분명히 어렵습니다. 그러나 내가 굳이 말하고 싶은 것은 질료를 부정하기보다 그것을 변화시키도록 노력하는 것이 더 낫다는 생각입니다. 여사께서 내게 말한 이야기, 즉 사람들을 정신적으로 망가지게 하는 그것은, 내가 보기엔, 질료를 취하는 것에서 오는 것이 아니라 그것을 불완전하게 취하는 데서 오는 것 같습니다. 다시 말해서 질료가 지닌 모든 부richesse, 질료가 성스럽게 되었을 때의 그 신비mystère, 그리고 비길 데 없는 그 존엄성majesté, 이러한 질료의 속성 속으로 과감하게 접근하는 대신 질료의 시시하고 안이한 끄트머리만 잡기 때문입니다. 향락자는 자신이 질료의 소유자며 또한 주인이라고 상상해서 그것을 아주 작은 조각으로 부스러뜨리니까 촉지할 수

　㉠ 92쪽 ㉠, 119쪽 ㉠ 참조. "질료는 유죄선고 받았다 — 질료는 나쁘다고 더는 반복하지 마라"(*Le Coeur de la Matiere*, 86쪽).

있는 것(질료의 진가)을 오용(오해)합니다. 만약 향락자가 자신이 오용하고 있는 질료의 위대성을 전체적으로 볼 줄 안다면 오히려 무릎을 꿇을 것입니다. 우리를 둘러싸고 있는 기초적인 악ⓒle mal fondamental은 — 그런데 이 악이란 것이 오늘날 우리들의 전진에 필요한 덕이나 양질良質의 결핍le manque이며 전조le pressentiment이기 때문에 나는 이 악을 기초적인 것이라고 생각합니다 — **전체**le Tout를 못 보는 능력부재 그것입니다. 오늘날 우리의 가장 염려스런 풍조에 이 새로운 투시도를 덧붙이십시오. 그러면 훌륭하게 덕있는 풍조로 탈바꿈될 것입니다. 나는 가끔 형태도 분명치 않은 막연한 이런 욕망을 가집니다. 말하자면, 몇 명의 참된 친구가 아쉽고 어울리고 싶습니다. 그리고 인정받은 모든 규범 안에서, 즉 그 규범대로 살아가면서, **전全대지**ⓒ에 대한 염려와 사랑 이외엔 아무것도 헤아리지 않는 모범적인 삶을 보여주고 싶습니다. 그런데 방금 여사에게 이렇게 말하고 보니 이 말에서 정말 이교도 같은 냄새가 풍깁니다. 게다가 성 프란치스코 같은 분들이 옛날에 보여준 순수한 초탈의 모범을 가장한 것 같기도 합니다. 마음 속으로(그리고 누구를 물론 비교(비판)하는 것이 아닙니다) 오히려 나는 그분의 근본정신, 즉 중세기적 회개 운동을 재개하는 것이 아닌가 자문해 봅니다. 우리가 이 이야기를 여러번 서로 되풀이하지 않았습니까? **인류가 하느님께 열광하도록 하느님을 보여주려면 구체적 실재를 예찬하는 우리의 움직임을 지속시켜 궁극에 닿게 하고 그리고 우리를 그 구체적 실재에서 강제로 떼어놓지 않아야 될 것 같**

ⓛ 『떼이야르 드 샤르댕의 신학사상』 134-44쪽 참조.
ⓒ 58쪽 역주 43 참조. Jean Onimus, *Teilhard de Chardin et le Mystere de la Terre*, 14 19쪽 참조.

1926년 10월 15일

습니다. 그렇지 않으면 **인류가** 더는 **하느님**을 열애하지 않을 것 같습니다. 아! 우리들이 구체적 **실재**가 내포하고 있는 엄청난 위대성을 바라볼 줄 안다면, **실재**가 기막히게 강력해져서 우리들의 이기심을 앗아갈 것인데!

벗님, 사실입니다. 파리의 황홀한 듯하면서 알맹이 있는 분위기 속으로 벗님께서 돌아왔다니 약간 부럽습니다. 대지를 감싸는 푸근함이 있는가 하면 긴장감도 스며 있는 정신적 장소, 파리 같은 그런 도시는 세상 어디에도 없을 것입니다. 그렇다고 천진이 내게 을씨년스럽지 않습니다. 아름다운 가을의 이 고요, 7개월 동안 끊임없이 뒤흔들리며 불안해하다가 지금 누리는 이 고요는 정말 내겐 그윽한 진미 같습니다. 그래서 지질학 작업을 하는 한편 생각하는 작업도 다시 계속하려고 이 고요를 이용하기 시작합니다.㉣ 하느님은 오묘한 이 맛을 나를 위해 간직해 주십니다. 마치 마르지 않은 구원久遠의 샘물에 취한 것 같은, 이런 맑디맑은 명정酩酊이 나를 **존재자**가 주시는 기쁨에 열광하도록 합니다. 이따금 바위와 화석에 몰두할 때면, 이름 붙일 수 없는 어떤 천복天福㉤을 맛봅니다. 이 천복이란, 모든 것을 존속케 하고 모든 것에 생기를 주는 최상의 **원리**le Principe suprême를, 썩지 않고 애덕있는 그리고 절대적인, **영분**領分(milieu) 안에서(dans un

---

㉣ 이때 쓴 것이 *Le Milieu divin*임. "나는 그 제목을 *Le Milieu divin*이라고 명명합니다. … 오래 전부터 생각만 해오던 것을 글로 써서 새겨두도록, 천진의 고요가 기다려온 기회처럼 불현듯 내게 다가왔습니다. …"(*Accomplir l'homme*, 64쪽, 1926년 11월 14일자 편지). "내면생활에 관한 논문을 … 쓰고 있는데, *Le Milieu divin*이라고 부르오. 거기서 오로지 그리스도인의 실천적pratique인 어떤 자세를 설명하려고 노력한다오"(*Lettres inédites*, 56쪽, 1928년 11월 12일자 편지).

㉤ 산상설교의 8복(마태 5,3-11)에 빗대어 이름 붙일 수 없다고 했다.

Élément),⑪ 내가 소유하고 있음을 상기하는 그것입니다. "항상 그리스도를 통하여 이 모든 좋은 선물을 창조하시고 생명을 주시고 거룩하게 하시고 축복하시어 우리에게 베푸시나이다. …"Per quem omnia semper bona creas, vivificas, sanctificas, et praestas nobis …라고 미사 때 말합니다. 어느 학문, 어느 철학이 바로 이 실재cette Réalité-là에 대한 숙지熟知에 비할 수 있겠습니까? 더구나 이 실재를 아는 인지력(통찰력)에 비교가 되겠습니까? 그것이 아무리 겸허(평범)하고 시동중이더라도 말입니다.

앞으로의 내 계획은 극히 모호합니다. 그렇지만 2월이나 3월까지 기다렸다가 결정하는 것이 나을 것 같습니다. 만약 중국이 조용하면 봄에 작업을 개시할 것이고 작업 가능성이 희박하면 되돌아오는 것입니다. 정치적 상황은 전보다 더 혼란합니다. 보십시오. 과격파들이 양자 강변에서 다시 우세하게 될 것 같습니다. 나는 차츰 그들의 성공이 중국이 재편성되는 신호라고 생각하게 됩니다. 그러나 그렇게 되면 유럽이 손해를 봅니다. 광동 사람들과 공산주의 추종자들은 외국인을 아주 싫어합니다. 그렇지만 이들은 높은 이념을 좇아 묵은 허물을 벗고 생겨난, 중국을 대표하는 유일한 집단 같고 또한 중국을 파괴하는 불한당 같은 군인들의 행위를 이 나라에서 깨끗이 제거할 수 있는 집단 같습니다.

여사께서 계속 글을 쓴다니 기쁩니다. 바쁜 생활이지만 가능하다면 개인적인 탐구와 작품을 위해 각별히 시간을 마련하십시오. 가끔 여사의 소식 주십시오. 여사의 편지는 언제나 내게 기쁨이 됩니다.

---

⑪ "élément universel"이 떼이야르 드 샤르댕의 소사전(40쪽)에서 "총괄하는 그리고 위나니미즘unanimisme적인 신비스런 분위기milieu(환경)로 해설되어 있다. "애덕있는"aimant이라는 형용사는 87쪽 ⑫ 참조.

1926년 10월 15일

편지를 읽노라면 아름다운 푸른 빛 나비ⓐ 옆, 탁자 모서리에 앉아 있는 것처럼 생각됩니다.

  매일 여사를 위해 기도합니다.

  안녕히 계십시오.

P. 떼이야르, S.J.

ⓐ 관상용 표본 나비인 듯.

〈해설〉

악에 관해서

"우리를 둘러싸고 있는 기초적인 악惡은
전체le Tout를 못 보는 능력 부재 그것입니다."

떼이야르는 악惡과 그 악의 여러 가지 형상, 즉 비참·고통·죽음·죄, 십자가·속죄 … 에 대해 가장 많이, 가장 잘 거론한 철학가·도덕가·신학자들 중 한 사람이다. 그의 저서는 악에 관한 글로 가득 차 있다. 그래서 이것에 관한 그의 글을 전부 우리가 몇 줄로 요약할 수는 없다. 그러나 골자를 추려보겠다.

악, 그것은 하느님이 창조하신 우주의 성공(완성)에 위배되는 모든 것이다. 질료의 상승, 더듬어 나가는 우주의 상승은 수많은 통계학적 실패를 대가로 지불한다. 생명의 상승은 인간의 탄생 훨씬 이전에, 수를 헤아릴 수 없는 죽음을 대가로 한다.

인간의 상승은 엄청난 고통, 값비싼 노력, 인간의 죽음이 있어야 한다. 우리가 죄라고 부르는, 자발적인 이 악은 인간의 자유와 함께 시작되었고 그때부터 악이 번성하고 그 피해도 시작된다.

인간에게 있어서 언제나 더 위대한 일치를 향한 걸음에 반대되는 모든 것(후퇴, 빗나감)이 전 인류에게 반향을 일으켜 잘못을 저지르게 한다.

사랑은 신성한 에너지로 만들어지며 인간은 하느님과 만유와의 일치에 이르기 위해 이 에너지로 가득 차야 한다. 모든 죄는 이 사랑을 역행하는 것이다.

그리스도의 십자가란 가장 위대한 사랑의 증거를 상징할 뿐 아니라 실현한 것이고, 그리스도의 부활이란 죽음을 이긴 생명의 승리를 나타내는 것이다. 그래서 오직 충만Plérome(성 바울로를 본받아 떼이야르가 우리에게 말했다)만이 악과, 모든 악의 형상을 이길 수 있는 모든 빛을 우리에게 가져다준다.

1927년 1월 10일
천진, Hautes Études, Race Course Road

친애하는 벗님,

여사의 11월 14일자 반가운 편지를 세수歲首가 지난 며칠 후에야 받았습니다. 편지 겉봉에 "via Siberia"를 잊어버리고 쓰지 않았더군요. 회답이 이렇게 늦어진 건 그때문인 것 같습니다. 보내주신 것 감사드리며 아울러 우리가 즐거운 시간을 보냈던 그곳을 기억하게 해주어서 감사합니다. 늪이 많은 첼리의 평원 아래로 1926년의 마지막 태양이 새빨갛게 사라지는 것을 바라보는 순간 지난해 12월 31일 제야除夜의 영상影像이 내게 떠올랐습니다. 1925년, 같은 시간에 여사의 보금자리에서 새해 축복을 서로 나누었던 것을 기억했지요. 그리고 멀리서 마음 속으로 근하신년을 기도드리며 이 해를 다시 맞이했습니다. 새해 복 많이 받으십시오. 벗님, 하느님의 빛과 평화 가득하소서. 그리고 신비스런 통현Diaphanie(나는 발현Épiphanie보다 이 낱말을 더 좋아합니다)㉠의 비전, 성의있는 비전, 우리에게 또한 내려주소서. 이 통현을 통해 우주 만유의 그리스도께서는 사물(만물)의 더 높고 유일한 바탕을 밝혀 비추어 주십니다. 그건 그리스도께서 역시 사물을 통해 우리에게 역사하시고 또 우리를 사물 공통의 정상으로 끌어올리기 위함이지요. 살아갈수록 더욱 이렇게 생각하게 되는데, 즉 진정한 슬기, 진정한 "철학"이란 사물과 직접 관계를 가지고 있는, 그렇지만 사물보다 비교할 수 없이 우월한 이 밀리외 디벵

㉠ 117쪽 참조.

milieu divin(神의 界〔분위기〕)을 식별하는 데 있으며 그 다음엔 그곳으로 옮겨 가는 데 있다는 이것입니다. 그곳에 갑시다. 가고 싶지 않으십니까? 물론 가는 길은 여사가 알고 있습니다. 그렇지 않다면 우리는 결코 만나지 못했을 것입니다. 그렇지 않습니까?

여사께서 비토리아에 대해 늘 충실하고 열렬하시다니 참 기쁩니다. **섭리자**께서 여사에게 번역자를 보내주셨다니 또한 반갑습니다. 그리고 이 일을 통해 여사께서, 사람이 약간의 믿음만 가진다면, 하느님께서 "사랑하는 사람들을 위하여" 작동하시는 여러 사건에 자기 자신을 항상 마음놓고 내맡길 수 있다는 이것을 알게 되신 것 역시 기쁜 소식입니다. 『파리의 메아리』ⓒ지에 여사가 기고하는 것은, 글쎄, 기고 자체만 가지고 논한다면 나로선 좀더 생각해 볼 문제입니다.[1] 그러나 여사로 말하면 지극히 자발적으로 기고하기 때문에 여사 자신의 발랄한 일부분을 쏟는 것이라 사료되어 저는 좋게 생각합니다. 그렇지만 저의 말을 들어보십시오. 그리고 시야를 넓게 활짝 열어보십시오! 여기 태평양 연안에선 우리네 유럽인들의 전쟁이 얼마나 초라하게 보이는지 여사는 상상할 수 없을 것입니다. 사람들이 "대지 이외엔 아무것도"ⓒ 사랑하지 않을 수 있는 그런 시대를 향해 우리가 한 걸음씩 나가기를 나는 희망합니다. 생각해 보십시오, 그

ⓛ *Écho de Paris*: 58쪽 참조.

1. 장따가 과거처럼 1927년에도 『파리의 메아리』에 많은 기사를 실었다: 1월 31일 「무솔리니에게 보내는 디오팀에 대한 변론」; 3월 13일 「설교 잡상」; 5월 18일 「돌 같은 얼굴을 지닌 프랑스」; 6월 6일 「교훈적 대화」; 7월 26일 「어떤 대중화의 스캔들에 반反하여」; 8월 18일 「낭시의 사회주간 테두리 밖에서」; 9월 12일 「책임자들」; 11월 12일 「과거의 소리」; 12월 24일 「운명지어진 언덕」.

ⓒ 60 115쪽 참조.

1927년 1월 10일

나머지는 전부 우리에겐 너무나 미미합니다. 그리고 **대지**조차도 우리가 모두 하나가 되어 자기를 둘러싼다면, 유類가 없으신 **분**의 사랑을 우리에게 가리켜 줄 것입니다 — 12월 한 달 동안 꼬박 북경에 있었습니다. 동경에서 거행된 범태평양 회의에 참석하고 돌아오는 미국인, 오스트리아인, 네덜란드인 등을 만나느라 바빴기 때문입니다. 선발된 사람들이 모여 세계주의internationalisme에 관심을 쏟는 이런 움직임이 얼마나 크게 확장되어 가는지 여사는 믿을 수 없을 것입니다 — 더구나 자기 향토에, 자기 자신에, 확고하게 뿌리박은 조건하에서 말입니다(물론 내가 뿌리박은 곳은 파리이지요!).

방금 여사에게 이야기한 북경 체류는, 내가 그곳에서 얻게 된 우정을 또다시 다져주는 아주 좋은 기회가 되었고, 또 왕궁들과 사원의 탑 등등을 방문하면서 내가 전에 이미 찾아보았던 "이름난 사람들"의 발자취를 다시 한번 훑어 볼 수 있는 기회가 되기도 했지요. 그렇지만 이런 옛 자취에 열광하지 않았습니다. 내가 중국에서 가장 좋아하는 것은 성벽들의 기하학, 지붕들의 곡선, 탑들의 수많은 층, 까마귀가 떼지어 깃드는 해묵은 고목의 시정詩情 그리고 황량한 뫼들의 서글픈 프로필입니다. 자질구레한 실내 장식품이나 칠보자기, 도자기 그릇, 비취 장식품 같은 것은 상이 찡그러집니다. 그러나 기원전 2000년의 비취 장식품만은 예외인데, 그것은 그 선線이 이집트 보석만큼 단순하기 때문입니다. 중국인들이 어느 시기부터인가 갑자기 이울어지고 복잡해진 것 같습니다 — 얼음이 꽁꽁 얼어붙는 차가운 날, 나의 친구며 후원자인 라크롸 씨[2]와 함께 다 찌그러

---

2. Alfred Lacroix: 아카데미 과학원의 상임비서로 1948년 사망.

지고 엉망으로 혼잡한 기차를 타고 칼강에 지질학 소풍을 갔습니다. 이 소풍은 정말 영웅적이었는데다 대성공이었습니다. 추운 날씨에다 덧붙여 전쟁중인 이런 판국이었지만 고비 사막 변두리인 칼강의 그림 같은 풍경은 극치를 이루어 마치 터키스탄 한가운데 있는 것 같았습니다.

 여기서 나는 규칙적인 학구 생활을 영위하고 있습니다. 화석들을 측정하고 조사합니다(드디어 멋진 자료를 가지게 되었습니다). 그리고 종교적 논문「르 밀리외 디뱅」⁽ᵃ⁾을 씁니다. 바라건대 이것은 정통적인 것이 될 것입니다. 나의 기호와 학문적 관심사의 주류가 점차 질료층⁽ᵐ⁾이나 혹은 **대지**의 살아 있는 것들에서부터, **인류가 우리의 유성 위에서 형성하고 있는 생각하는 층**⁽ᵇ⁾을 향해 그 방향이 바뀌는 것을 나 자신이 지적으로 (그리고 어떤 부분을 보면 거의 신비적으로) 느낍니다. 내가 보기에 지질학과 고대생물학이 진실로 연장될 수 있는 것은, 인류의 이 지대(생각하는 층) 안인 것 같습니다. 무엇이 나를 이 다른 학문(지질학, 고대생물학)으로 유인하는지 그 핵심을 내가 판별할 수 있다고 믿는 것도 바로 이 지대, 생각하는 층입니다. 바위와 옛날 뼈를 공부한 덕분에, 우리가 몸담고 있는 인간사회의 유기적 조직의 등급은 무엇이며 크기(중요성)의 순서는 무엇인지 일단 이해했습니다. 그래서 이 공부(바위, 옛날 뼈)를 통해 훌륭한 연구대상을

⁽ᵃ⁾ 108쪽 ⁽ᵃ⁾ 참조.

⁽ᵐ⁾ des couches matérielles: Biosphère를 말한다(Claude Cuénot, *Teilhard de Chardin*, 90-1쪽 참조).

⁽ᵇ⁾ le couche pensante: Noosphère를 말한다(상게서, 21 39 40 91쪽;『떼이야르 드 샤르댕의 신학사상』52-7쪽; *Le coeur de la matière*, *Teilhard de Chardin*, 40-9쪽; 본문 92쪽 참조).

1927년 1월 10일

발견할 수 있다는 것을 내가 여사에게 확신을 가지고서 말할 수 있습니다. 우리 조상들이 산(山)을 보고 무심코 지나친 것처럼 우리도 이 대상(인류)을 보고 아직도 무관심하게 지나쳐 버리니 참 이상합니다. 그러나 1,2세기 후면 **인류**는 "자연과학의 극치", 권위있는 연구대상이 되어 있을 것입니다. 그때가 되면 인류의 균형과 인류의 진보를 위한 물리적·유기적 첫 조건이 바로 이 점임을, 즉 하느님을 전적으로 믿는 신앙 — 우리를 이끌어가는 움직임의 결정적/절대적 **최종**(오메가)에 대한 믿음임을 모두 동의하리라 나는 생각합니다.

  가끔 여사의 소식과 친구들의 소식 주십시오. 가릭 씨에게 내가 잊지 않는다고 특별히 안부 전해 주십시오. 그 사람이 열심히 일하고 있는 것, 저는 압니다.

  4월까지는 천진에 있다가 또 여행을 떠나도록 노력할 생각입니다. 파리에 돌아가는 것은, 늦어도 가을엔 이루어지리라 예상합니다.

벗님의 벗, P. 떼이야르, S.J.

여사의 질녀와 귀여운 그 집 식구들에게 안부 전해 주십시오.

〈해설〉

신비스런 "통현"

"통현"Diaphanie이란 떼이야르의 특수 용어로서 우리는 무엇보다도 그 단어가 뜻하는 바를 이해하는 것이 중요하다고 생각한다.

다행히도 떼이야르 자신이 그 낱말의 정의를 완벽하게 내리는데 그것은 이 편지에서 떼이야르가 종교적 논문이라고 언급한 글 속에 담겨 있다. 그 논문이란 말할 것도 없이 유명한 「르 밀리외 디뱅」Le Milieu divin이다. 그래서 거기 실린 설명을 몇 줄 소개하는 것이 가장 좋은 해설이 될 것이다.

"차단된 광선이 부옇게 비칠 수 있는 반투명 물질들처럼, 그리스도교 신비론자에겐 세상이 내적인 빛, 즉 세상의 구조와 양각陽刻, 깊이를 더욱 드러나게 하는 빛에 푹 잠겨져 있는 것처럼 보인다. 이 빛은 감각적으로 즐기는 표면만 비추는 허울의 뉘앙스도 아니고 사물을 헤치거나 눈을 해치는 강렬한 섬광도 아니며, 예수 안에 모인 세상 모든 요소의 통합에 의해 생겨난 온화한 광명, 힘있는 광명이다. 성스러운 단어를 살짝 바꾸어 말하는 것이 용납된다면 이렇게 말하겠다. 그리스도교의 으뜸가는 신비, 그것은 정확히 말해 발현이 아니라 우주 내에 있는 하느님의 투명성㉠이라고 …

오! 주님 그렇습니다. 이 빛은 가볍게 스쳐가는 단순한 빛이 아니옵고 깊숙이 침투하는 빛이오며 (더 정확히 말하면) 당신의 공현Epiphanie이 아니라 당신의 통현Diaphanie이옵니다."

통현은 성령께 드리는 기도로만 얻을 수 있는 은총이라고 떼이야르는 강조한다. 그리고 항상 더 크신 그리스도께 간구한다. "통현을 통해 동시에 큰 불을 통해 만유에 무소부재하신 당신 현존이 용솟음치게 하소서."

㉠ "세상(인류)의 중추(원동력)는 하느님과 우리 사이에 존재하는데, 믿는 이들(스스로 못 보지만 하느님이 보게 해주시는)에겐 투명한 계벽, milieu와 같고, 믿지 않는 이들에겐 불투명한 계와 같다"(1918년 1월 14일자 일기: *Bulletin Teilhard de Chardin*, Nº 17 [1995년 3월] 6쪽).

1927년 5월 7일
천진

친애하는 벗님,

　3월 6일자 편지에 대한 회답을 아직까지 못 썼습니다. 너무 오래 전 일이라 마지막으로 여사께 쓴 것이 언제인지 그것조차 정확하게 기억 못합니다. 그건 어쨌든, 여사의 소식과 파리 소식을 가끔 보내주어서 감사합니다. 그것이 내 정신이나 마음을 위해 필요합니다.

　현재 나의 형편을 한마디로 말하면 다음과 같습니다. 짐작건대 가을에는 내가 파리에 다시 나타날 수 있도록 확정된 것 같습니다. 몇 달 후면 출판 준비도 내가 해놓을 것 같구요. 중국엔 다시 올 것인데, 그때엔 중국 국립 지질학 연구소에서 내게 협력을 요청하는 흥미있는 제의를 하기 때문에 나로선 새로운, 종전과는 다른 생활이 시작될 것입니다. 더 세부적으로 자세히 보고하자면, 다음주쯤 여기서 서북쪽으로 2개월에서 3개월에 걸친 간단한 여행을 떠날 것 같습니다 — 별로 흥미없는 지역일 뿐 아니라 그저 그런 여행이긴 하지만, 적어도 나는 그곳에서 새로운 자료는 수집할 수 있을 것입니다. 이런 바깥 바람이 나에겐 사실 필요하다고 느낍니다. 이번에 파리에 갔다가 다시 중국에 오면 그때부턴 이곳 생활이 틀림없이 더 짜임새가 있을 것이고, 정식으로 내가 맡아서 규칙적으로 해야 할 일도 많을 것입니다. 1925~1926년에 수집했던 자료에 관한 연구 작업을 요즈음 마무리지었기 때문에 내가 정말 "허공에 붕 떠 있는 것" 같은 느낌이 듭니다. 그래서 반드시 뭔가 해야 하겠습니다. 북경에 머문 것(생각해 보니 지난번 편지를 보낸 이후 세 번

다녀왔습니다)을 제외하고선 나의 생활 바퀴가 최근엔 약간 헛돌고 있습니다.

3월 말에 중국에서 우리가 위기를 겪었다는 것, 아십니까? 북경, 천진, 할빈 그리고 다른 곳에서 혁명이 일어나려고 했습니다. 관동인들의 분쟁과 차욱홀린의 북경 주재 러시아 공사관의 기습이 없었더라면 한바탕 분쟁이 일어났을 것입니다. 지금은 공산주의자들이 극동에서 세력을 잃은 것 같습니다. 그러나 에스프리㉠의 진화évolution des esprits는 다행스럽게도 종료되지 않았습니다. 중국 파시즘이 거론되기 시작하고 있습니다. 그렇지만 나로선 보수당원들의 반발이 지나치게 난폭하지 않기를 또 지나치게 오래 지속되지 않기를 바라고 있습니다. 이곳 압제자들의 손이 얼마나 사나운지 아십니까? 지난 몇 주 동안에 천진에서만도 학생이 열여덟 명이나 처형당했습니다! 남부파들이 자기네 놀이를 자신들이 어리석게도 망쳐놓았다는 것을 시인해야 합니다. 어쨌든 나는 은근히 그들을 동정합니다. 그리고 그들의 "인도주의적" 정신이 결국 이겨서 제압하기를 희망합니다. 인도주의는 벌써 곳곳에 퍼져 있습니다. 신新중국이 위대해지고 쇄신될 수 있는 어떤 뚜렷한 사상을 우리가 기대한다는 것은, 왠지 그 가능성이 갈수록 희박해지는 것 같습니다. 가끔 나는 비관적입니다.

㉠ "질료는 Esprit의 모태母胎, Esprit는 질료가 더 우월한 상태. 이 두 명제가 나의 투시도와 나의 내면적 진행의 같은 축軸이 되었는데, 이때부터 esprit라는 낱말이 구체적이며 명확한 뜻을 가지게 되었다"(*Le coeur de la matière*, 45쪽).
"질료의 (지적 그리고 도덕적 측면에서의) 문제는 근본적이며 날카롭다. 그러나 우리 내면을 들여다보면 Esprit와 질료의 상호작용은 민감하고 뿌리가 깊다. 양자가 반발하는가 하면 한쪽이 다른 쪽에 의해 발생한다. 우리가 질료에 부여하는 가치는 esprit의 높이의 반영일 뿐이다"("l'Evolution de la Christeté", 떼이야르 드 샤르댕 전집 11권, 70-84쪽). 76㉣ 124㉢ 132 137 141 144 145쪽 참조.

1927년 5월 7일

내 눈에 명백하게 보이는 사실이 있는데 그것은, 어떤 것도 막을 수 없는, 인류의 새로운 한 집단의 "출생"을 우리가 우대해야 한다는 이것입니다. 태어난 이 아이와 무엇을 할 것인가는 그후에 봅시다. 불쾌한 어떤 증후(예를 들면 외국인을 싫어하는 편협함 같은 것)가 있긴 하지만, 다행히 내가 동서양간의 순수한 정신적 협조의 가능성에 대한 갖가지 확실한 증빙을 3개월 전부터 수집했습니다. 보십시오. 우리가 우리의 칸막이, 우리의 카테고리 안에 갇혀서 질식하고 있습니다. 규모가 작다고 하는 조직체들을 해체하여 없애는 것이 아니라 그것을 용해한 후 합성해야 합니다. 왜냐하면 **인간**이란 이런 것이기 때문입니다. 즉, **인간**보다 더 위대한 것이 아무것도 없는가 하면, 우리의 야망과 우리의 조직으로 테두리가 꽉 막힌 그런 **인간**보다 더 열등한 것 역시 아무것도 없습니다. 우리 가톨릭 신자들에게 이런 말을 되풀이해야 하다니 도대체 어찌된 영문이지요? 사실 말이지 우리들의 딱한 교회가 안타깝게도 우리에게 **대지**를 감춘다는 인상이 가끔 듭니다. 내가 전에 품고 있던 한 가지 생각이 요즈음 다시 살아납니다. 그런 생각을 했던 것이 벌써 10년도 더 되는군요. 사람들이 "반反개혁주의"intégrisme를 가톨릭 정통교리orthodoxie와 같은 것으로 생각하려 합니다. 다시 말해서 수세기 전에 설립된 작디작은 우주microcosme의 가장 작은 기구들에 대한 존경을 가톨릭 정통교리로 동일시하려고 합니다. 똑바로 말해서 진정한 그리스도교적 이상이란, 세상에 내포되어 있는 자원을 총망라해서 그리스도교 지침으로 적용, 확장하는 "총체주의"intégralisme를 뜻합니다. 보십시오. 1세기도 더 이전부터 전체주의와 반개혁주의간의 싸움, **주축 교의**Dogme-axe와 **테두리 교의**Dogme-cadre간의 싸움이 **교회 내에서** 계속되고 있습니다.

반개혁주의가 고위 성직자들에게나 일반 신자들에겐 편의하고 좋습니다. 그러나 이 반개혁주의가 암암리에 하느님 왕국에서 배제하는 것이 있습니다(원칙적으로는 부인하고 있지요). 그것은 우리의 사회, 도덕, 철학, 과학 등등 … 어디에서나 작용하고 있는 막대한 잠재력인데 반개혁주의가 이것을 배척하고 있습니다. 보십시오. 이런 이유 때문에 내가 단호하게 전쟁을 선포했습니다. 내가 제한을 받아 외부활동을 할 수 있는 가능성이 점점 축소되는 이 마당에, 이런 전쟁을 하기 위해 어떻게 처신해야 할지 너무 모릅니다. 그러나 주님께서 나와 함께하신다면 기필코 나를 도우실 것입니다. 가끔 이런 생각을 해보는데, 어떤 자세를 승리로 이끄는 가장 좋은 방법은, 가능한 한 그 자세대로 성실하게 살아가는 것, 이것입니다. 우리 함께 이와같이 살지 않겠습니까?

여사의 편지를 보니, 여사의 활약이 감소되지 않은 것 같아 기쁩니다. 여사가 신앙 속에 무조건 자신을 던진다는 것, 말하자면 하느님이 생기를 주신 세상에 자기를 양도한다는 것은 옳은 일입니다. 우리가 해야 할 것은 그 모두가, 우리 자신에 대한 성실 그리고 교회에 대한 애착, 이 두 실오라기 중 한 오라기도 놓침이 없이, 가장 폭넓고 가장 밝은 곳을 향해 항상 상승하도록 노력하는 이것입니다. 두 실오라기 중 그 어떤 것도 내가 끊을 수 없도록 기도해 주십시오. 여사를 위해서도 그것을 하느님께 구하겠습니다. 가릭 씨에게 특별히 안부 전해 주시고 나의 최대의 우정을 전해 주십시오.

P. 떼이야르, S.J.

1927년 5월 7일

극동 공산주의자들의 실패 문제로 되돌아와서, 내가 보기에 "**증오에 의한** 국제화" 노력이 패배한 것은 상호 부조와 공감에 의한 국제화(기운차고 건설적인) 노력이 눈뜨는 신호임에 틀림없을 것 같습니다. 나를 유감스럽게 하는 것은 파시즘이 공산주의에 반대하는 것입니다. 말하자면, **각성한** 공산주의의 수많은 **좋은** 요소 때문에 어렴풋이 예측하고 바랐던 것이 거꾸로 난폭하게 거부당하는 사실입니다. "인간 이외엔"이라고 또 한 번 …

〈해설〉
반개혁주의와 총체주의

 모두 다 잘 알고 있는 이 두 낱말은 떼이야르에게 있어서 "대지를 어떻게 건설해 나갈 것인가?" 그리고 "우주를 어떻게 그리스도화할 것인가?" 하는 정치적·종교적 문제에 대한 그의 입장을 밝혀주는 열쇠라고 하겠다.
 정치적으로 — 샤를르 모라㉠의 영향을 강하게 받은 보수적 환경에서 떼이야르가 태어났기 때문에 국수적·보수적 경향이 짙으리라 생각할 수 있겠지만 오히려 그 반대다. 그는 자신이 지닌 보편성 때문에 차갑게 막힌 공기에서 벗어날 수 있었고 또한 참된 성실성으로 인해 창조와 탐구 그리고 진보의 길로 갈 수 있었다.
 종교적으로 — 살아 현존하는 그리스도에 대한 떼이야르의 사랑이 오메가이며 진보자이신 그리스도, 다시 말해서 항상 더욱 위대하신 그리스도를 향한 그의 갈망의 방향을 제시해 주었다.
 요컨대 이는 진화 도상의 우주에 적용된 바울로의 충만Plérome의 길로서 떼이야르의 전 생애와 전 사상을 밝게 비춰 주었다.
 그는 생각하기를, 전적으로 인간다운 인간이 된 인류만이 그리스도에게 완전히 사로잡혀 신성화될 수 있다고 했다. 이것이 떼이야르가 말한 총체주의intégralisme다.
 어떤 측면에선 모든 반개혁주의intégrisme와 우리는 용감하게 싸워야 한다.
 반개혁주의자들은 자기네의 좁은 안목 때문에 오히려 하느님의 크심과 선하심을 비난하는 과오를 범한다(종교적 반개혁주의).
 또한 그들은 개개인과 전체 속에 내포된 가능성(능력)이 인류 속에서 성장함을 부인하고 공격한다.

㉠ Charles Maurras(1868~1952): 프랑스 작가며 정치인. 철저한 국가주의를 주장해서 Action Française를 결성. 언론계에 큰 영향을 끼쳤다.

1928년 8월 22일
르 샹봉[1]

친애하는 벗님,

어제 저녁 몽살비㉠에서 돌아오는 길에, 토요일에 여사가 보낸 편지를 참으로 반갑게 받았습니다. 여사의 편지에서 아주 새로운 어떤 사실을 안 것도 아닌데 무척 감동했습니다. 여사가 나의 진정한 친구임을 오래 전부터 나는 알고 있었습니다. 뿐만 아니라 정말 전적으로 믿을 수 있고 정말 똑같은 설계도 위에 (우리가 말하듯이) 서 있기 때문에 마음이 평안해지는 친구, 여사는 그런 벗입니다. 이 아름다운 우정의 힘이, 언제나 더 아름다운 어떤 일에 쓸모가 있도록 하느님께 항상 더 의지합시다. "좋지 못한 힘"이 여사가 지금 묵고 있는 옛 성(저택)의 주위를 배회한다고 생각하시는데 두려워하지 마십시오. 바로 이 환상들은 우리가 사물의 (최초가 아니라) 최종의 가치㉡와 그 좋음을 확신하는 데 따라, 이 확신의 한 줄기 최초의 빛에 사라집니다. 나는 바로 이것, "에스프리Esprit㉢를 믿는 것" 이외에 나 자신이 걸어가는 개인적 노선이 아무것도 없습니다. 이 에스프리란

---

1. Marguerite Teillard의 소유지인 Le Chambon 호수(26쪽 참조).
㉠ Montsalvy: 프랑스 중남부 Auvergne 지방의 도시.
㉡ 최초는 표면적인 것을 말하며, "최종"은 가장 깊은, 내면적인 것을 말한다.
㉢ "그 무엇보다도 Esprit를 믿어야 한다는 내 방침maxime, 즉 세상을 인도하는 Esprit를 믿는 것, 심보 사나운 박물관장이든 중국 소시민이든, 인간의 가슴 밑엔 누구나 다 있는, 선한 esprit를 믿는다는 것 …"(Teilhard de Chardin, *Lettres inédites* 76쪽). "항상 Esprit를 믿어야" 하오. 말하자면 더 나은 것의 승리 또 전진하는 것의 승리를 믿어야 하오"(상게서 84쪽). 76㉣ 119㉠ 132 137 141 144 145쪽 참조.

애덕있는,ⓔ 살아 있는, 세상의 조직자이며 그리고 사물을 판별하는 기준이요 또한 사물의 최상의 진가眞價입니다. 우리 주님으로부터 생기를 받은 세상을 신뢰하십시오. 그러면 그 세상이 여사를 구출해 주실 것입니다. 복음서에 있듯이, 일렁이는 파도라 할지라도 하느님의 사랑을 향해 나아가는 한, 그래서 과감하게 그 파도 위로 걸어간다면, 우리가 걸어가는 대로 그 파도가 우리를 무사히 데리고 간다고 나는 생각합니다.

주저하지 말고 똑바로 걸어가십시오. 그러면 여사 앞에서 안개가, 기껏 한 치씩밖엔 안되지만 차츰 사라지는 것을 눈으로 볼 것입니다. 그러나 하느님께서 여사를 도와 주시도록 반드시 기도하십시오. 삶이란 일생을 두고 우리와 사물les choses간의 일종의 투쟁입니다. 즉, 사물이 우리를 사물 속에 융해시키든가 또는 우리가 사물을 흡수하고 소화하여 동화하든가 할 것입니다. 이것은 우리가 가장 강하게 되는 것으로서, 다시 말해서 유일불가분唯一不可分을 뜻하며, 말하자면 가장 영적인 것이고, 즉 우리가 하느님께 가장 밀접하게 일치됨을 의미합니다 ― 실제로 여사를 덮고 있던 어두운 그림자가 벌써 사라졌다고 저는 생각합니다. 그리고 여사께서 즐겁고 유익한 나날을 롸르 강변²에서 보내시기 바랍니다. …³

마음이란 얼마나 이상하고 미친 듯한 힘을 가졌는지. 인생에서 이보다 더 풍부하고 더 발전해 나가고 더 혼란스런 것은 그 무엇에서도 느낄 수 없습니다. 그 힘이 약해지지 않고서야 어떻게 변모되겠

ⓔ aimant: 87ⓜ 108-9쪽 참조.
2. Loire 강변의 라 불트에 있는 폴리냑 부인의 큰 저택.
3. 여기 원문의 한 줄을 빼었다.

습니까? 그것은 **창조**의 모든 비밀입니다. — 오브락⑩에서, 라베롱⑪에서, 우리는 거의 자동차를 탔습니다. 그리고 우리가 살레르스⁴에 다시 들르기까지 했지요. 그곳에서 제가 여사를 만나고 싶어했던 …

이곳은 모두 안녕한 것 같습니다. 다음 주초엔 아리에즈⁵로 갈 생각입니다.

안녕히 계십시오.

P. 떼이야르, S.J.

---

⑩ Aubrac: 오베르뉴 지방에 있는 고원.

⑪ l'Aveyron: 프랑스 중앙 피레네 지방의 道.

4. 장따가 Le Cantal에 있는 Salers에서 며칠간 쉬었다.

5. Ariège의 Saint-Girons 우체국을 통해 Montesquiou-Avantès에서 보낸 다음 편지 참조.

〈해설〉

에스프리를 믿는 것

떼이야르는 창조의 모든 역사를 우주의 진화로 보았기 때문에 종종 그것을 에스프리Esprit의 상승이라는 몇 마디로 요약했다.

  질료matière의 역사에서 이미 에스프리가 작용하고 있었다고 떼이야르는 생각한다. 뿐만 아니라 그 요소들이 점점 더 복잡하게, 점점 더 중심으로 모이도록 진화하게 하는 것도 에스프리다. 그래서 이런 사실만으로도 우리는 사물의 내면에 대해 뭔가를 논할 수 있다.

  에스프리의 작용은, 생명이 출현할 때부터 비롯하여 식물과 동물이 진화하는 과정에서 점점 더 두드러지게 나타난다. 에스프리는 갈수록 자발성自發性을 향해 진보한다. 그렇지만 에스프리가 뚜렷하게 나타나는 것은 인간에게서이며, 그래서 인간은 사고 반성하는 의식 때문에 처음으로 자기의 능력, 책임, 자유 그리고 또 자기의 한계와 자기의 능력 부족을 평가할 수 있게 되었다. 에스프리는 더 나아지기를 갈구한다.

  처음으로 에스프리는 자기 자신에 대해 의문을 가진다. 누가 자기를 만들었는가. 그럼 자기는 누구인가, 어디서 와서 어디로 가는가 자문한다.

  그래서 철학이 생기고 종교 또한 생긴다.

  철학은 심리학으로, 종교는 계시로 대답하려고 애쓴다.

  우리 그리스도인은 서슴없이 창조주 하느님이 에스프리라고 대답한다. 더 자세하게, 우리는 성삼위의 제삼위이신 성령Saint Esprit에 대해 이야기한다.

  교회는 요점을 말해주고 신학은 조리있게 계시의 자료에 대해 설명한다. 그러나 에스프리의 체험으로 접근하는 길은 기도로 일관된 영성생활뿐이다. 신비스런 떼이야르의 길이 성령의 인도에 의한 것임은 놀라운 일이 아니다.

1928년 9월 1일

Les Espas, Montesquiou-Avantès par S-Girons, Ariège

친애하는 벗님,

르 샹봉에서 받은 여사의 "살레르스의" 엽서에 고맙다는 회답을 아직까지 못했습니다. 엽서를 보니 여사의 성인聖人 같은 낙천주의가 자신을 어둡게 가리고 있던 구름을 드디어 꿰뚫었다는 것이 분명해서 기뻤습니다. 세상을 이기기 위한 가장 좋은 방법(물론 복음서에 있습니다)은 진실로 이것밖에 없는 것 같습니다. 즉, 다음 사실을 철저하게 믿는 것입니다. 사람들이, 사물les choses이 더 나아지고 더욱 통일되는 길을 따라서 우주와 우주의 힘에 부지런히 성실하게 접근해 가기만 한다면, 우주가 좋은 것이고 우주의 힘이 좋은 것임을 믿게 된다는 이것입니다. 여기서 착오를 일으키기 쉬운 것은 모든 것이 본연적으로naturellement 좋고, 애초부터initialement 좋고, 정체 상태에서도statiquement(변화하지 않고서도) 좋다고 상상하는 이것입니다. 그런데 사실을 말하자면, 모든 것이 미美와 선善(아름답고 선하신 분)의 영향을 받아 더욱더 선해지고 아름다워지는 도상途上입니다. 진화의 안쪽 모습face intérieure de l'Evolution은 이와 같은 것으로서 …

화요일에 이곳에 도착했는데 때맞추어 왔기 때문에 브뢰이 신부를 만나 48시간 동안 몇 가지 슬기로운 조언을 받았습니다. 지금은 거의 혼자 있습니다. 선사시대 사람들이 살았던 수천 개의 동굴이 뚫려 있는 자그마한 석회질 언덕들 사이로 고요가 넘치고 있구요. 이곳은 피레네 산맥을 마주하고 있습니다. "왕의 숲"⊙ 식으로 나무가 심겨진 막막한 산등성이 그 너머로 피레네 산맥의 드높은 화강암질 벌거숭이 산마루들이 스페인 국경임을 알려줍니다. 내가 가지고 있던 어떤 사상¹을, 어쩌면 『과학』ⓑ사社로 보내도록 지금 누리고 있는 이 고적孤寂을 한데 묶어서, 이용하고 있습니다. 나로선 이 원고가 얼마나 가치가 있을지 모르겠습니다. 어쨌든 탈고 때까지 여기 머물 것입니다. 그 다음 파리(5. rue du Regard)ⓒ로 다시 가겠는데 아마 10일경에 도착하리라 생각합니다. 새로운 소식은 없구요. 르 롸에 관한 나의 서평이 막스 베구엥의 이름으로 8월 17일자 『가톨릭 생활』에 실렸었는데² 평이 좋았습니다. 시네티ⓓ 집엔 조약돌ⓔ …³

안녕히 계십시오. 주님이 우리와 함께하시기를.
백작부인⁴께 삼가 안부 전해 주십시오.

여사의 친구, P. 떼이야르, S.J.

ⓐ Bois du Roi: 파리 근교 St. Germain 숲 옆에 있는 숲을 말하는 듯.
1. *Le Phénomène humain*을 말한다. 다음 편지에 이 이야기가 나온다.
ⓑ *Scientia*: 루뱅 대학에서 출간하는 잡지.
ⓒ 파리 6구. 예수회가 있었지만 지금은 없다. 6번지엔 현재 신학교가 있다.
2. E. Le Roy, *L'exigence idéaliste et le fait de l'évolution*(Paris 1927)에 관해 Max Bégouën이란 필명으로 *La vie catholique en France et à l'Étranger* 5년째 203호 8월 18일 토요일자에 실린 "La pensée dans la science"을 말한다.
ⓓ Robert de Sinéty(1872~1931): 예수회 신부로 생물학자. 당시 프랑스 중남부 Le Puy 근방 Vals에서 학생 감독신부로 화학, 물리를 가르쳤다. 떼이야르는 그에게 동료로서 호감을 가졌지만 두 사람 사이엔 약간 철학적 의견차이가 있었다.
ⓔ 방해물이란 뜻. 즉, 시네티가 찬성하지 않을 것이라는 암시.
3. 원문의 두 줄을 삭제했다. 　　　　　 4. Melchior de Polignac 백작부인.

⟨해설⟩

"모든 것이 미美와 선善의 …"

위의 몇 마디 말 속에 떼이야르가 생각하고 있는 모든 미와 선이 요약되어 있다고 볼 수 있겠다. 우주와 인류가 역사 속에서 진화해 가듯이 미와 선도 움직이고 있다.

인간의 인간화hominisation에 있어서 미와 선을 토대로 한 커다란 공동법칙이 있다. 그 법칙은 추상적인 것이 아니라 구체적이며 역동적이다.

음악가는 음으로 화가는 선과 색채로 아름다움을 나타내듯 시인은 언어라는 상징적 재료를 빌려 무한한 미를 표현한다. 그래서 예술은 미의 궁극까지 추적하여 하느님의 아름다우심, 즉 이미 빛나고 있던 아름다우심 그리고 우리의 눈을 끌며 우리를 정화시키는 그 아름다우심에 접근한다.

그리고 선도 항상 새롭고 창조적인 것이어서, 더욱더 향상하고픈 우리의 욕구를 채워주며 우리들이 더 인간다워져서 신성화하도록 해준다.

전 인류와 개개인은 인류의 정상을 향한 기나긴 진화의 길로 함께 쫓아가야 한다.

그리스도께서는 육화하심으로 단순히 인간의 길에 들어온 것만이 아니다. 그분은 자기 자신이 인류의 길이심을 천명했다.

그래서 사람의 길이 하느님의 길임이 드러났다.

선을 완성한 사람이 성인聖人이 되고 하느님 선의 증인이 된다.

1928년 9월 28일
5, rue du Regard, Paris VI

참으로 친애하는 벗님,

내가 12일부터 여기 있었기 때문에 9월 9일자 여사의 편지가 아리에즈에서 나를 놓쳐버리고 이리로 와서 드디어 만나게 되었습니다. 그래서 아직까지 답장을 보내지 못했습니다. 이런 사연이 없었다면 더 빠른 시일에 안부 편지를 썼을 것입니다. 그런데 지금까지 파리가 거의 텅 비었는데도, 돌아온 첫 순간부터 파리 사람들의 술렁임이 나를 사로잡았습니다. 그건 어쨌든 여사가 뇌이이로 돌아오기 전에 몇 줄이나마 소식을 보내고 싶습니다.

사실 소식이 될 만큼 큼지막한 것이 없습니다. 출발할 때 거의 끝내서 건드리고 싶지 않던 연구 논문을 여기 돌아오자 곧 다시 손대기 시작했습니다. 지금 진도가 많이 나갔습니다. 그렇지만 사진 기사나 날씨가 제멋대로라 내가 반드시 그 점을 염두에 두어야 합니다. 한편 떠날 채비도 해야 하는데, 틀림없이 11월 바로 초순이 될 것 같습니다. 언제나 내가 모르지만(알 수도 없습니다) 이번에도 역시 얼마 동안 떠나 있을지 모릅니다. 저의 수도회의 의도를 보면, 정확하게 첫번과 똑같은 조건으로 떠납니다. 말하자면 일정한 기간 동안입니다. 그 나머지는 중국의 정세政勢에 달렸고, 또한 내가 하는 일이 어떻게 될지 모르겠지만 그 일의 결과에 달렸습니다.

파리에서, 사람들에 관한 소식으로는, 마르그리트를 이틀(두 번), 보았고, 오늘 아침 불트에서 다시 돌아왔을 것입니다. 바로 최근에 도착한 르 롸도 만났습니다. 그의 저서[1] 두 권(인간에 관한)이 잇달아 곧 나올 것입니다. 이 책이 반만 더 짧았더라면, 두 배나 박진력이 더했을 것인데 참으로 유감스런 일입니다! 나에게 관한 소식은, 「인간의 현상」*Le Phénomène humain*을 10쪽 정도 썼습니다(생각해 보니 이 말을 그전에 여사에게 했습니다). 그것을 "수정"해 달라고 얼마 전에 루벵으로 보냈습니다. 그 원고를 시엔시아*Scientia* 잡지에 실어 줬으면 좋겠습니다. 그러나 내가 제시한 사상에 사람들이 익숙하지 못해서 어떤 반응을 보일지 정확하게 가늠할 수 없습니다. 왜냐하면 그것이 약간 미친 것처럼 보이지 않을까 의문스럽기 때문입니다.

그렇지만 한편으로 내가 항상 확신하는 바는, 그 무엇이든 가치가 있으려면, 성취될 수 있으려면, 오로지 에스프리⊙에 대한 신념에 의해서만 그리고 그런 신념 안에서만 가능하다는 이것입니다. 이와 동시에 내가 또 미루어 생각하는 바는, 어느 수준의 지성인이나 이해력이 빠른 사람들을 이 관점으로 끌어오는 것이 얼마나 어려운가 하는 이것입니다. 그런데 이에 따른 어려움이란, 우리가 오히려 이것 때문에 자극을 받아 반드시 더 큰 신념을 가지게 될 뿐, 어려움이란 아무것도 아닙니다. 그렇지 않습니까?

지롱드[2]의 포도밭에서 아름답고 풍부한 나날을 보내시기 바랍니다. 뇌이이로 언제 귀가하시는지 잊지 않고 내게 알려주리라 믿고 있습니다.

여사의 친구, P. 떼이야르, S.J.

---

1. E. Le Roy, *Les origines humaines et l'évolution de l'intelligence,* Paris, Boivin, 1928.

㉠ 76㉣ 119㉠ 124㉢ 137 141 144 145쪽 참조.

2. 장따가 Gironde의 친구들 집에 묵고 있었다.

〈해설〉
"'인간의 현상'을 10쪽 정도 …"

떼이야르는 "인간의 현상"이라는 제목으로 세 번이나 글을 썼다. 첫번 글은 이 편지에서 시사했듯 1928년 9월에 썼다. 우주 원동력을 사용하고 이해한다는 두 가지 견지에서 볼 때, 인간이 그것의 가장 적절한 적임자며 가장 중요한 위치에 있는데도 아직까지 연구되지 않았다는 사실에 그는 의아해했다.

그는 이 텍스트를 어디까지나 실험에 근거를 두고서 썼다. 그리고 결론에서 이렇게 명백하게 표명하고 있다.

"인류가 자신이 우주의 근본적 현상 — 자연의 가장 뛰어난 현상 — 임을 알게 되려면, 인간이 우주의 부차적 또는 이상異常적 요소로 오랫동안, 학문적으로 간과된 그후라야만 할 것이다."

둘째 글은 같은 제목으로 1930년 11월에 씌어졌다. 인간의 현상에 대한 과학적인 분석을 이 글에서 또다시 보게 된다. 특히 인간의 특징과 미래를 보는 **인간의 지각력**이 눈뜸을 조사·검토한다.

우주 내에 생각pensée과 반성과 함께 **내면을 통한** 진행과 그것에 대한 앎(인식력)이 생겨났다.㉠ 이 새로운 앎은, 전 인류가 전기와 석유의 막대한 보유보다 더 값진 **삶의 맛**goût de vivre의 중요성을 확증할 수 있게 한다.

인류 미래의 보증인 이 삶의 맛을 그 누가 공급할 것이며, 무슨 윤리가 어떤 종교가 공급할 것인가? 문제가 제시된다.

1939~1940년에 떼이야르는 북경에서 그전에 다루었던 과학적인 이 분석과 커다란 문제에 대해 작품을 썼다. 그는 이로 인해 세계에 널리 알려졌는데, 책명은 역시 "인간의 현상"이었다.

㉠ 인간이 우주의 일부라고 보았을 때 우주가 자기 진행 과정을 기다릴 수 있다.

1929년 1월 24일
오보크㉠

지극히 친애하는 벗님,

 여사의 11월 24일자 편지, 참으로 고마웠습니다. 그러면서도 여지껏 답장을 못 보내어 진심으로 미안합니다. 새해 인사조차 아직 못 했고. 그렇지만 정월 초하루 무렵엔 우리가 모여 섣달 그믐을 함께 즐기던 것을 기억하며 못내 아쉬워했습니다. 1920년부터 내가 프랑스에 있을 때면 언제나 우리가 제야를 함께 보냈었지요. 저의 우정은 늘 성실하고 더욱 두터워 갑니다. 조금도 염려하지 마십시오.

 10여 일이 넘도록 다시 배를 타고 여기 왔습니다. 소말리아[1]와 에티오피아로 떠나기 전에 옛 마을 오보크에 머물렀던 것처럼 여행을 마친 후에도 이곳에 머물고 있습니다. 파도가 밀려오며 성벽을 두들겨대는, 푸른빛과 초록빛의 인광이 번쩍이는 바다, 그리고 보랏빛의 높다란 산봉우리가 서쪽으로 막아선 아득한 황금빛 사막, 그 사이에 자리잡은 큼지막한 고가古家를 한번 상상해 보십시오. 또 해묵은 이 집 주위엔 당칼리㉡의 초가집을 스무여 채 늘어놓으십시오. 이 집의 비품이란, 드 몽프레드 씨 부인이 전에 발라 둔 벽지를 빼고선 몽땅 낚시꾼의 오두막집이나 선교船橋에 있을 법한 것들이라고 생각하면 됩니다. 거기다 카키색 바지에 소매 없는 셔츠, 발에는 짚신 같은

㉠ Obock: 동부 아프리카에 있는 지부티 공화국의 항구.
 1. 앙리 드 몽프레드의 초대로 떼이야르 신부가 1928년 11월 말부터 1929년 2월 초까지 소말리아의 불영지역에서 지냈음(*Lettres de voyage*, 111-8쪽 참조).
㉡ Dankalis: 이 지역의 종족.

해수욕장 신을 끌고 있는 여사의 시종侍從, 나를 그려 보십시오. 바로 이것이 나의 현황으로서 곧 3개월에 접어드는 이곳 삶의 한 토막 그림입니다. 바로 역운逆運이 가져다준 행운으로서 …

요컨대 만사가 다 좋습니다. 신체적으로는 드 몽프레드 씨만큼 나도 갈색이 되었습니다. 학문적으로는 지질학과 선사시대에 관한 귀한 자료를 얼마간 발굴했습니다. 정신적으로는, 외부적 혼란 때문에 한동안 이울어져 있었지만 지금은 완전히 회복된 것 같습니다. 말하자면 "존재의 맛"le goût de l'être을 강하게 지각하고 있습니다. 믿고 의지하면 그렇게 평안한 **전능**全能, 활기를 주는 **전능**이 어머니처럼 또 한 번 내게, **세상의 내적, 외적 힘을**ⓒ 조화시킨 것 같습니다. 이와같이 끊임없이 용기를 북돋아주시니 정말 좋습니다. 안 그렇습니까?

이곳저곳 옮겨다닌 이야기는 자세히 쓰지 않겠습니다. 그러면 좀 길어질 것이고, 게다가 여사가 이 나라를 잘 모르니 별 흥미가 없을 것입니다. 팔방으로 다니며 머물렀다는 것만 아십시오. 말하자면 불타는 것 같은 언덕진 사막, 큰 영양이 아직도 많이 서식하고 있는 아파르ⓔ의 덤불숲, 아라르ⓔ의 높은 고원(2,000m), 이 지대 두라ⓕ의 들은 밤이면 추웠습니다. 그리고 선인장과에 속하는 키 크고 둥치가 굵은 캉델라브르 선인장처럼 생긴 버들옷이라는 식물, 또 애레르의 계곡(아라르의 도시 남쪽), 여기선 한 달 동안 살았는데 주위엔 커피나무, 바나나, 파파이아나무, 앵무새, 거취조, 원숭이 들이 둘러쌌는가 하면, 앞쪽엔 아직까지 신비 그대로인 남쪽 나라의 거대한 덤불 숲이 놓여 있었습니다. 친구 드 몽프레드 씨(우리는 서로에 대한 평가나

ⓒ 98쪽 참조.   ⓔ 지부티의 지방이며 Afar 족을 당칼리 족이라고도 한다.
ⓕ Harrar: 에티오피아의 도시.   ⓕ 이 지역에 자라는 식물인 듯.

1929년 1월 24일

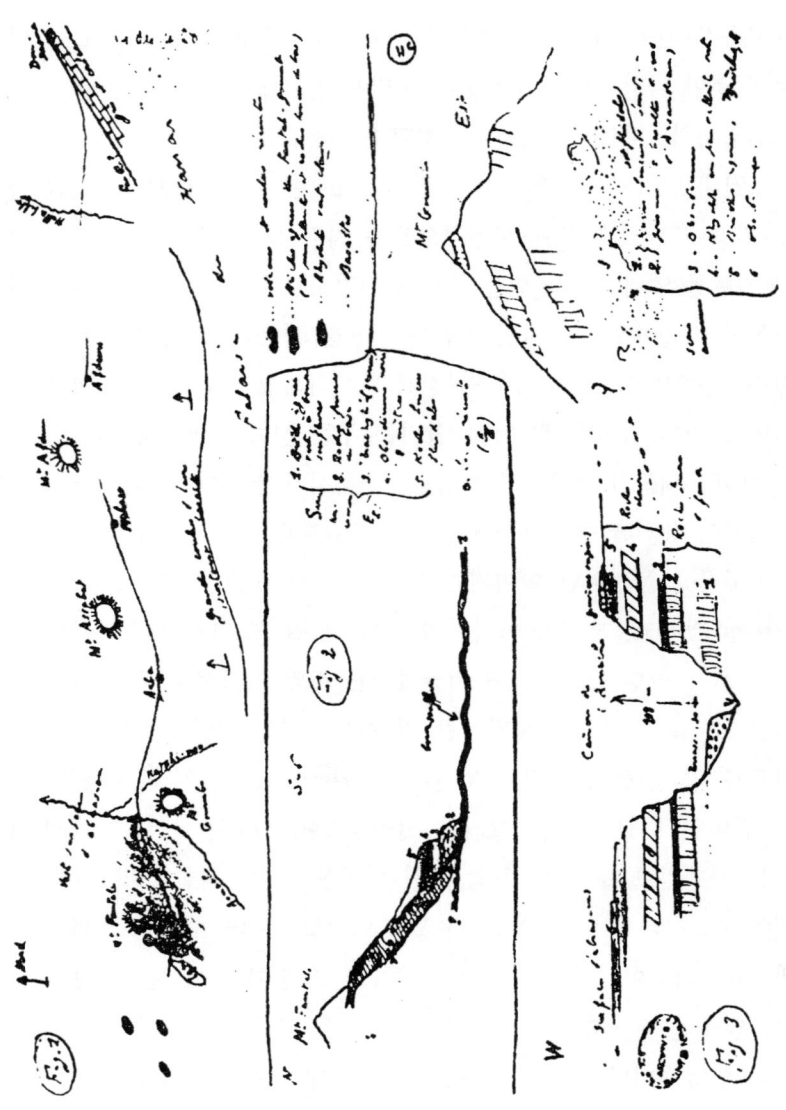

떼이야르 신부가 그린 아라르(아비씨니)의 지질학적 스케치
(프랑스 과학기술원 제공)

단순한 원시적 생활양식을 더욱더 잘 이해합니다)와 함께 본, 정말 색다른 이 지역이 전부 어느새 내 나라처럼 생각되었습니다. 이곳이 못내 아쉬워 내가 다시 들르게 되지 않을까 하고 생각해 봅니다. 따지고 보면 중국보다 가깝습니다(그런데 이상한 것은 어쩔 수 없는 몽고에 대한 일종의 향수가 …).

내 마음 밑바닥까지 파고내려와 (자백하는데, 3개월 전부터 성무일도와 개인적 기도와 "온 세상으로 함께 드리는 미사"[A] 외엔 하는 것이 없습니다. 그러나 여사도 알고 있지만 그것이 조금도 갑갑하지 않고 오히려 나를 쉬게 해줍니다) 얼마쯤 자신을 살펴보면 나의 생각이 조용히 계속 나아가면서 정리된다는 것을 깨닫습니다. 요즘 아주 이상스럽게도 내겐 에스프리Esprit야말로 실질적인, 유일하게 실질적인 것이 되었습니다. 그것은 질료의 "형이상학화"métaphysicisation(!?)가 아니라, 에스프리의 "물리화"physicisation에서 온 것입니다. 내가 보기엔 과학이 150년 전부터 질료에 부과한 시時적historique, 역力적énergétique 속성이 도치되면서 나름대로 에스프리의 속성에 적용됩니다.[B] 우주는 우리가 관찰하고 경험한 바에 의하면 우주의 조직 때문에 (그리고 그 연장 때문에) 동질물l'homogène과 가장 그럴 법한 것le plus probable 으로 완만하게 낙하落下하지 않습니다.[C] 왜냐하면 우주가 부지런히 일하여 (이렇게 표현할 수 있다면) 인격적인 것le personnel, 개별적인

[A] la Messe sur le Monde: 36 41 72 149쪽 참조.

[B] 과학적으로 본 질료의 속성이 Esprit의 속성에 나름대로 들어맞는 것 같다는 말 (76㉣ 119㉠ 124㉢ 132 141 144 145쪽 참조).

[C] "동질물"은 "복잡성"complexité의 반대를 뜻하며 "가장 그럴 법한 것"은 "엔트로피"를 가리킴. 즉, 우주가 먼지가 되어 無로 돌아가지 않는다는 말(『떼이야르 드 샤르댕의 영성사상』 23-34쪽 참조).

것le différencié, 의식적인 것le conscient에 다다라 조화équilibre를 이루기 때문입니다.㊂ "의식"la conscience(말하자면 일치하려는 갈망의 팽팽한 힘)이 나에겐 "기본적 요소"요 실질적인 것le réel의 바탕이며 진정한 에테르éther(精氣)가 되었습니다. 그리고 "가장 위대한 의식을 향해 흐르는 흐름"이 엔트로피Entropie(低質)로 가는 흐름을, "우주적인 편류"dérive를 의미하는 큰 흐름으로 확실하게 바꾸어 놓아야 된다고 나는 봅니다. 질료에 관한 모든 물리학은 **소용돌이**(수박 겉핥기식) 연구에 지나지 않습니다(베르그송이 거의 비슷하게 말하긴 했지만 불충분한 것 같습니다. 왜냐하면, 그가 말하기를 에스프리와 질료는 서로 반대되는 두 개의 힘이면서 거의 동등한 우주적 가치라고 하지 않았습니까?). 그것은 어쨌든 넋들âmes, 그리고 넋들의 중추적 넋Ame des âmes이 점점 더 움직일 수 없이 확실한 실재적(물리적)인 사물이 되어갑니다. 사실상 한 넋âme을 용해하는 것은 한 원자를 쪼개는 것보다 훨씬 더, 그야말로 비할 수 없이 어려운 것 같습니다. 틀림없이 사후 존속死後存續하는 넋은 조직체 일원이 되며, 이것에 대해서는, 하느님 특성을 우리가 논할 때와 마찬가지로 비유적으로만 말할 수 있습니다. 넋은 정확하게 중심에 있을수록 더욱 확고부동해져서 안정된 상태, 바로 **우주와 같은 안정된 상태**에 있게 됩니다. 이 견해를 통해 그리스도교 신앙이 내게 부과한 소여所與를 단지 기교만 부려 보전하려고(이 주장을 통해 내가 크리스천 신앙을 가지고 있다는 인상을 주어 자신을 변명하려고) 내가 준비하지 않았나

㊂ 그리스도, 오메가를 향한 진보를 뜻하며, le personnel은 인격화·개성화를, le différencié은 개별화·특수화를, 그리고 le conscient는 의식화로서(떼이야르가 이 단어들을 남성명사화시킨 것에 유의), 즉 의식(일치를 향한 갈망)이 더욱 깊어지고 응축됨을 뜻함. 말하자면, 우주의 진화는 부지런히 애씀으로써 더욱 개성화 → 개별화 → 의식화(하느님과의 일치를 향한)를 지향한다는 말(상게서, 같은 쪽 참조).

자문해 보았습니다. 내게 종교교육이 없었다면 이런 투시도(사상)들을 어쩌면 가지지 못했을 것입니다. 더군다나 그리스도교가 주축이 되는 철학-윤리학의 이 거대한 흐름에 자기 자신이 기본적으로 부합하다고 느끼는 것은 값집니다. 어쨌든 그것은 그렇다치고, 이 튼튼한 버팀목들(교리·종교교육·철학·윤리 등)이 지금 깡그리 무너진다 해도 나로선 달리 어떻게 할 수 없을 것 같습니다(내 견해, 사상엔 변함이 없을 것입니다).

비토리아 콜로나가 오래지 않아 세상에 등장하기를 바랍니다. 그리고 여사께서 정신적·육체적·경제적으로 별고 없으시기 기원합니다. 필요할 경우엔 알려주십시오. 2월 4일, 지부티를 떠나 3월 초순쯤이면 천진에 와 있을 것입니다. 저에게 편지 쓸 때 "via Siberia"를 잊지 마십시오.

벗님, 그리스도 안에서 안녕하십시오.

P. 떼이야르, S.J.

도네 씨[2]에게 안부 전해 주십시오. 그 귀여운 가정에도. 되도록 매일 아침 유일하게 활동하시는 분Unique Agissant과 유일하게 필요하신 분 Unique nécessaire을 만나 일치하십시오! … 그것은 가장 큰 원천입니다.

---

2. 모리스 도네는 그의 작품 *Les éclaireuses*(걸스카우트들)에 대해 쟝따 여사에게 문의하러 왔다가 그 집 단골이 되었는데, 마드리드 가街에선 그를 가족처럼 "모리스 아저씨"라고 불렀다. 그는 1917년 10월 1일자 기사에서(1917년도 *Revue des deux mondes*, 5권 481-511쪽의 "Le déjeuner") "그리스도인이며 형이상학인"인 "여류박사", 'Lanéo 여사'의 "따뜻한 영접"을 소개하면서 다음과 같이 썼다. "예민한 감수성, 뜨거운 이웃 사랑, 스토아식의 굳은 의지, 엄격하면서도 늘 미소어린 눈, 정신주의자spiritualiste다운 날씬한 손, 은발이지만 아직 젊고 화사한 용모의 쟝따 여사는 눈에 보이는 실재와 눈에 보이지 않는 진정한 실재를 자신의 언어로 이어주는 연결자였다"(전게서 510쪽).

〈해설〉

"존재의 맛"

떼이야르는 "존재의 맛"이란 이 표현을 빌려서 ("삶의 맛"이란 표현을 더 자주 썼다) 자신의 삶과 사상의 열쇠 중 하나를 우리에게 건네준다.

우주를 열심히 관찰하면서, 그 내부를 들여다보면서 (인간 의식 덕분으로) 공부한 나머지 드디어 떼이야르는 삶의 의지, 살아남으려는 의지, 더 잘 살려는 의지가 인간성의 진화에서 최상의 법칙임을 알아낸다.

따라서 인간에 있어 삶의 맛은, 미래를 세우는 기회와 비례된다. 그렇기 때문에 이 맛을 헛되이 소모하지 않는 것이 중요할 뿐 아니라 또한 더 크게 자라도록 가꾸어야 한다.

이 삶의 맛(의지), 살아남으려는 의지가 동물에겐 본능에 지나지 않지만 인간에 있어선 지성知性과 감성感性의 열매가 된다. 그것이 변질되기 쉽고 부서지기 쉽다 해도 우리들이 주의를 기울일 가치가 있다고 떼이야르는 생각한다.

그렇기 때문에 세계 어느 곳에서나 수많은 기술자와 경제학자들이 석탄, 석유, 우라늄 등 … 모든 자원은 연구·검토하면서도 우리 인간의 삶의 맛을 보살피고 양육하고 증가시키기 위해선 그 누구도 염려하지 않는다는 이 사실에 그는 의아심을 품었던 것이다.

그리고 그는 종교도 진화를 재촉하는 부추김의 효력(종교의)에 따라 사람들에 의해 등급을 매길 수 있다고 보았는데, 따라서 종교의 우열성優劣性과 공통성 역시 밝힐 수 있다고 생각했다.

1929년 4월 15일
북경

지극히 친애하는 벗님,

　3월 15일자, 여사의 긴 편지에 아직까지 회답을 못했습니다(via Siberia를 꼭 쓰십시오). 그러나 이 편지를 읽고 얼마나 감동했는지 모릅니다. 여사처럼, 내게 벗이 되어주는 여성들의 부드러운 마음씨를 만나지 않았다면, 사색에서 느끼는 가장 값진 그 기쁨은 아니지만 내 삶에서 또 다른 기쁨이 있음을 나 자신이 몰랐을 것이라고 생각합니다. 바로 이 기쁨을 내게 주어서 감사합니다. 그런데 이 기쁨을 베푸는 것이 물론 내게서 끝나서는 안되겠지요. 그러기 위해서 우리는 질료가 정신화된다는 "새로운 땅"Terra nova을 향해 전진하도록 더욱 노력합시다. "제3의 에스프리"ⓒ라는 제목으로 논술을 쓸 수 있으리라는 생각을 해보았습니다. 여기서 내가 말하고자 하는 에스프리Esprit는, 세상을 신성화하는 에스프리로서, 우리가 너무나 성급하게 양자택일하는, 다시 말해서 "하느님의 에스프리"가 아니면 "세상의 에스프리"라고 규정짓는 것과는 다른, "제3의 에스프리"입니다. 이것은 옛날(1916년)에 내가 쓴, 약간 주목할 만한 최초의 글¹에서 서두의 표어로 썼던 것과 거의 같습니다. 이런 것이지요. "하느님과의 일치une communion가 있고 대지와의 일치가 있다. 그리고 또한 대지를 통한 하느님과의 일치가 있다." 질료에 관한 베르그송의 해설을

ⓒ 76ⓔ 119ⓒ 124ⓔ 132 137 144 145쪽 참조.

1. 이 "약간 주목할 만한 최초의 글"이란 떼이야르의 *Écrits du temps de la guerre*(1916~1919), Paris, Grasset 1965, 1-61쪽에 있는 "La vie cosmique".

여사께서 불충분하다고 생각한 것은 이유가 없는 것이 아니라 생각됩니다. 이 불충분함은, 그가 철학자이긴 하지만 전체적인 설명을 시도하지 않고 단순히 외관만을 언급하려고 지나치게 원했던 것이 틀림없이 그 원인이라 추정합니다. 결국 나로선 (이 말을 아마 지난 1월에 여사에게 한 것 같습니다) 세상을, 물리적 세상까지도 에스프리의 거대한 움직임의 형태로서만 이해할 수 있지 달리는 이해할 수 없게 됩니다. 이 점에 대해「에스프리의 물리학」La Physique de l'Esprit(형이상학이 아닙니다!)ⓒ을 몇 장 쓸 생각입니다.

그동안 "생물변이설에 대해 무엇을 생각하는가?"라는 제목으로 기초적이지만 내용이 풍부한 글을 몇 장, 주일土日부터 쓰기 시작했던 것을 얼마 전에 마쳤습니다. 중국에 있는 선교사들이 아주 많이 읽는 어느 회보에 싣겠다고 간곡하게 부탁해 왔기 때문입니다 — 중국 교과서에 사용할 목적으로. 이 글이 출판 검열 위원회를 통과하면 여사께 보내겠습니다. 그리고 (파리 가톨릭 대학)『호교론 실천』La Revue Pratique d'Apologétique에 싣도록 하겠습니다.[2]

아시다시피 북경에서 이 글을 쓰고 있는데, 내가 중국에 돌아온 이래 6주에 3주 꼴은 여기 북경에 있었습니다. 친구들도 많아졌을

ⓒ 물리학: 고대 이오니아 지방 철학가들(기원전 6~5세기경 인권론자)의 의견에 따른 Phusikè, 말하자면 우주 전체를 다루는 총괄적 학문으로서 과학(현대적인)과 철학의 뜻을 지니고 있다. "물리학"은 인간의 현상과 복잡화-의식의 법칙을 중심으로 한 떼이야르 철학의 첫걸음(『떼이야르 드 샤르댕의 용어 소사전』에서). 『떼이야르 드 샤르댕의 영성사상』 91쪽 참조.

2. "Que faut-il penser du transformisme?"(변이설에 대해 무엇을 생각해야 하는가?)라는 기사가 Les Dossiers de la Commission synodale, 북경, 1929년 6월~7월, 2권, 462-69쪽에 실렸다. 다음 해엔 La Revue des questions scientifiques, 1930년 1월호, 넷째 시리즈, 17권, 별책 1, 89-99쪽에 게재되었고, Paris, Seuil에서 1957년에 출판한 떼이야르 작품집, 3권, 213-23쪽에 재발간되었다.

뿐 아니라 중국인들과의 일도 자연적으로 많아져서, 중국 지질학 연구소에 점점 더 긴밀하게 협력하도록 되었기 때문입니다. 5월 말이면, 내 친구 리샹과 함께 떠나는 것이 아니라 이 연구소의 중국인 직원과 함께 여행(2,3개월)을 떠날 수 있을 정도가 되었습니다. 내 인생에서 어쩌면 중대한 변화가 될지 모르겠습니다. "내 생生의 흐름"이 나를 어디로 싣고 가는지 정말 전혀 모르겠습니다. 북경이 파리(이곳에 비해 친구가 너무나 많지요)를 연상하게 하는 도시라 아주 좋아합니다. 이곳에서 내가 만나는 사람들은 여러 부류인데 모두 참신하고 적극적일 뿐 아니라, 피차 외로운 타국살이라 아주 솔직하게, 허물없이 본심으로 서로 이야기를 나눕니다. 그래서 마음이 아주 편합니다. 그리고 분위기도 마음에 드는데, 냉소적이면서도 차분하고 조용해서 좋아합니다. 세상이, 중국이, 이 끝이든 저 끝이든, 어느 곳이든 아무리 소란해도 보십시오. 북경은 자기들의 푸른 하늘 밑, 자기들의 새하얀 꽃 속에 파묻혀 자기들의 어마어마한 먼지를 쓴 채 요지부동하는 도시입니다. 그런가 하면 천진은 규칙적이며 조심스런 곳이지요. 기도하며 사색하는 피정의 도시, 이 천진에서도 나는 잘 있습니다. 지금 심정을 말하자면 6개월의 여행을 마친 직후라 조용히 좀 쉬고 싶습니다. 그러나 가을이 오기까지는 그것을 바라면 안됩니다.

개괄하자면 만사가 다 좋습니다. 지난 겨울엔 반反그리스도교주의라고 할 정도의 반성직자주의라는 아주 격심한 발작을 치렀습니다. 그런데 마지막 불꽃이 필사적으로 치솟듯 격렬했던 이 감정이 모두 사그라져, 더 너그럽고 더 평화스런 마음으로 바뀌었습니다. 왜냐하면 내가 뭔가를 평가하고 실천하는 데 적용해야 할 나의 유일한 법

1929년 4월 15일

칙을 다음과 같이 되도록, 점점 더 지향하기 때문입니다. "에스프리 esprit를 믿는 것",ⓒ 이것입니다. 에스프리를 믿는다면 교회를 마치 세상에서 유일하게도 에스프리가 없는 무엇으로 판단하는 것은 옳지 못하다는 것입니다. 우리들의 모든 약함이란, 그 대부분의 근원이 결국은 우리가 "믿지 않는 것", 끝까지 믿지 않는 것, 아주 폭넓게 믿지 않는 그것에 있다고 나는 생각하고 있습니다. 왜냐하면 한순간 믿던 것마저 그나마 너무 빨리 중단한다거나 혹은 믿음의 대상으로 충분치 못한 것을 믿는다거나 하는 것은 우리가 세우는 건축물을 완전히 파괴할 수 있기 때문입니다.

가끔 편지 주십시오. 저의 마음과 정신에 모두 좋답니다. 비토리아와 성녀 오딜³을 열심히 쓰십시오.

안녕히 계십시오.

P. 떼이야르, S.J.

도네 씨에게 안부 전해 주십시오.
귀여운 가정에 일일이 인사해 주십시오.

ⓒ 76ⓒ 119㉠ 124ⓒ 132 137 141 145쪽 참조.

3. 비토리아 콜로나 외에도 장따는 성녀 오딜에 대해 쓰고 있었는데, 이 책(*Sainte-Odile*)이 1931년에 출간되었다("순례자들" 콜렉션. Paris, Flammarion 1929년 12월 14일자 편지 참조) 155쪽 참조.

〈해설〉

"제3의 에스프리" 혹은 "제3의 길"

떼이야르 사상의 골자를 더 잘 파악하려고 애쓰는 이들이 주의깊게 이해해야만 되는 표현을 그가 이 편지에서 쓰고 있다.

여기서 "제3의 에스프리esprit"라고 했지만 "제3의 길"이란 말로 바꾸어서 더 빈번히 쓰고 있다.

자기 사상에 대한 이 표현양식(변증법적인)은 극히 총괄적이며 그리고 수없이 응용(적용)되고 있는데 그중 몇 가지를 보겠다.

떼이야르는 에스프리와 마티에르Matière 둘 중 어느 것을 버리거나 선택하지 않는다. 그에게 있어 에스프리와 마티에르는 양극兩極 같은 것이다. 우주에서 마티에르는 영적 힘puissance spirituel을 내포하는데, 이 힘은 에스프리의 길과 방향 안에서만 나타나고naître 자란다grandir. 그러기에 떼이야르는 창조에 있어서 마티에르는 마티에르의 모태母胎라고 말하기에 이른다.

제1의 길은 매몰되어 물질화될 위험에도 불구하고 물질의 방향으로만 가는 것이고, 제2의 길은 마티에르를 무시한 채 오로지 에스프리로만 곧장 가는 것이다. 그래서 이 길은 하느님과의 일치를 향한 다수(인류)의 상승, 에스프리를 향한 마티에르의 상승, 즉 우주에 깊이 연관된 인간의 본성은 고려하지 않고 있어 그것은 꿈에 불과하다.

제3의 길은 인간이 걸어야 할 가장 정당하며 적절한 길로서 설익은 길도 아니요 도피의 길도 아니다. 이것은 탈바꿈의 길이고 변모의 길이다. 죽음이란, 그것이 종말이 아니라 새로운 삶으로 옮아가는 과정이 아닌가!㉠ 떼이야르가 제3의 길의 적용을 여러번 제의했는데, 이것은 타협의 길도 용이한 길도 아니다. 이것은 위를 향한 길, 그리고 앞을 향한 길, 이 두 길을 종합할 수 있는 더 높고 험난한 유일한 길이다.

㉠ 위령미사 감사송 참조.

1929년 8월 23일
섬서의 오지奧地 여인숙

지극히 친애하는 벗님,

끈질기게 내리는 비에 겁에 질린 암노새 타고 가던 나그네는 섬서의 초라한 여인숙에 속절없이 발이 묶여버렸습니다. 우리를 에워싸고 있는 황토 덮인 원추형의 작은 산 너머에서 먹구름이 수수와 조가 자라는 거의 깎아지른 듯 비탈진 들판을 뒤덮으며 유유히 흘러갑니다. 삼라만상이 온통 지루한 비에 갇혔으니, 머나먼 곳이지만 여사와 재미있는 이야기를 나누며 이 분위기를 바꾸기보다 더 좋은 것이 있겠습니까? 석 달 전부터 그럴 만한 여유가 거의 없었습니다. 오늘이야말로 출발 직전 천진에서 반가이 받은 성령강림 월요일 여사가 쓴 편지에 이 기회를 이용, 회답을 해야 하지 않겠습니까?

외적인 나의 상황과 그동안 있었던 일들은 다음과 같습니다. 만주에서 동료 리상 신부와 거의 함께 5월 한 달을 보낸 후 (시베리아 횡단 철도를 따라 파리에서 9일 정도 떨어진 시베리아 국경까지 기어이 갔습니다) 6월 중순경에 더 진지한 두번째 여행을 떠났는데 이번엔 중국 지질학 연구소의 "명예 고문"으로서 남경 정부가 발급한 증명서를 지참, 중국인 지질학자[1]를 동반했습니다. 수노새 여섯 마리가 모는 작은 카라반을 타고 두 달 전부터 섬서의 산맥과 오르도스의 남쪽 모래밭을 가로질러 돌아다녔습니다. 지금은 아주 멀리 우회해서 북경 쪽으로 되돌아갑니다. 9월 말경에 천진에 도착하리라

---

1. 그때 떼이야르가 소속한 신생대 연구실의 부과장이던 C. C. Young(George B. Barbour, *Teilhard de Chardin sur le terrain*, Paris, Seuil, 1965, 29쪽 참조).

생각합니다. 아주 좋은 성과를 거두었습니다. 4월에 내가 "중국인들에게 양도하기"⁽ᵀ⁾로 결심했을 때 어떤 우려가 없었던 것은 아니었습니다. 그렇지만 결국엔 나 자신이 그 결심을 자축自祝합니다. 그리고 바라기는 나의 장상들께서 잔뜩 못마땅하겠지만 이번에 내가 거둔 성공을 참작하여 어거지일망정 눈감아 주었으면 합니다. 이번 일을 결정하는 데 내가 좀 멋대로 행동했다는 인상을 그분들이 받았을 것이라고 생각하기 때문입니다. 그러나 이렇게 멀리 떨어져서 어떻게 일일이 그분들께 여쭈어볼 수 있습니까? 인내와 사랑으로 나를 돌보시는 **섭리자**께서 천진의 수도원장인 나의 친구²(전적으로 나를 위해 줍니다)를 때맞추어 지난달에 유럽에 가도록 배려하셨습니다. 만약 그럴 필요가 있었다면 그 친구가 원장으로서 만사를 잘 해결했으리라 생각합니다. 이런 모든 상황을 아무리 종합한들 나의 앞날을 어떻게 그려 보겠습니까? 나로선 도저히 그릴 수 없습니다. 이번 겨울엔 천진과 북경의 연구실에 할 일이 많이 있기 때문에 여행은 틀림없이 1930년 봄이 될 것입니다. 그 다음 프랑스에 들렀다가 정말 이곳으로 되돌아오고 싶습니다. 그렇지만 이 계획도 아직까지 선명하지 않습니다. 어쩔 수 없이 중국에 거주하면서 유럽을 가끔 드나들 것인지? … 이따금 이 문제를 생각해 봅니다. 어쨌든 아직까지는 파리에 자리를 잡고서 활동할 수 있는 꿈을 포기하고 싶지 않습니다. 사실 따지고 보면 모든 것이 로마와 나 사이의 공식적인 관계가

---

⑦ 성 아우구스티누스가 야만인이 로마까지 침입했을 때, 야만인의 문화를 그리스도교화하기 위해 "교회가 야만인에게 양도"되어야 한다고 한 말에 빗댄다.
2. 떼이야르의 장상으로 1925년 7월 3일에서 1931년 6월 27일까지 천진의 예수회 수도원 원장이던 Auguste Bernard 신부. 그 후임으로 René Charvet 신부.

어떻게 발전하느냐에 달렸습니다. 그래서 이 문제에 있어 내가 "순결성"을 끝내 회복하지 않게 될까봐 두렵습니다.ⓒ

"공식적"이란 말을 강조한 것은, **내면적**인 수도원과의 문제에 있어선 여사께서 나 때문에 근심하지 않아도 될 것 같기 때문입니다. 오히려 나 자신이 지금 수도회의 권위를 초연하게 인정하면서 객관적으로 냉정하게 분석하는 것 같은 (자만에서 나온 우월감 같은 것은 엇비슷한 것일지언정 나는 없다고 믿습니다. 단지, 이젠 내가 어떤 면에서 어른 혹은 성년이 되었기 때문입니다) 인상이 든다는 이런 뜻에서, 드디어 내가 최근에 와서 나의 수도원에서부터 정신적으로 "부상"浮上한 것 같습니다. 그러나 또 한편으로는, 젊었을 때 수도원에 집착했던 것과는 완전히 다른 이유에서ⓒ 정말 깊이 충심으로 나의 수도원에 (우주 안에 내가 마땅히 있어야 할 자리에 들어가 꼭 끼어 있는 것처럼) 애착을 가집니다. 그리고 지적知的인 부정을 저지르게끔(내 사상을 거짓 증언하도록) 진퇴유곡으로 몰리는 경우(도저히 있음직하지 않는)가 아니면, 어떤 대가를 치르더라도 나의 수도회에 계속 성실하기로 결심했습니다. 여사에게 말하고 싶은 것은, **하느님**의 은총과 친구들의 도움으로, 나의 지적인 그리고 감성적인 삶에 임계점臨界點이 뚜렷했던 지난 한 해의 전환기, 그 소용돌이를 탈없이 무사히 넘겼다고 생각하는 이것입니다. 내 삶의 기본적 인수因數로서 조금씩 조금씩 나에게 모습을 드러내고 있던 많은 요소들(아직까지 거의 그리스도교 신자 같지 않은)을 그리스도인이 지녀야 할 적절한 자세에 거의 다 통합했다고, 마음 속에 조금도 모순을 느낌이 없이

ⓛ 오점을 씻지 않게 될까봐 두렵다는 말.　　　ⓒ 47쪽 참조.

믿습니다. 하느님과 더불어 내가 평화롭듯이 교회와도 현재, 사실상 평화롭다는 것을 여사께 말하고 싶습니다.

어쩌면 이런 평화는 지금 나처럼 머나먼 이역에서 교회와의 고통스런 모든 마찰의 권외(圈外)에 소요한다면 간직하기가 정녕 쉽다고 여사는 말할 것입니다. 네, 그럴 수 있지요. 그래서 그동안 이 좋은 기회를 누리고 있답니다. 두 달 전부터 다시 시작한 이런 생활(전쟁 때부터 익숙해진)에서 가장 좋은 신앙의 양식은 (이따금 한번씩 격식대로 드릴 수 있는 미사와 함께) 여사가 항상 참례해 주는, "온 세상으로 함께" 드리는 마음의 이 미사㉹입니다. 여사께 이 미사에 대해선 자주 이야기했습니다. 나는 이 미사를 더 깊이 파면서 끊임없이 수정합니다. 시간이 있으면 오는 가을엔 이것을 N번째 형식으로 작성하겠습니다.㉺ 현재 이것이 완성 단계에 있다고 예상됩니다.

다른 것을 또 한 가지 더 설명할 수 있도록 여사 가까이, "그" 안락의자에 내가 앉아 있으면 좋겠습니다. 나의 지적(知的) 건축에서 이미 자리를 차지하고 있던 페르손㉻에 대한 진가 혹은 개념을 멋있게 전개했는데 이것을 이야기하고 싶기 때문입니다. 약 10년 전부터 세상에 대한 나의 인식을 아주 간단하게 뒤집어㉼ 고찰해 보았더니 우주의 의

㉹ la Messe sur le Monde: 36 41 72 137쪽 참조.

㉺ N은 수학에서 무한수를 가리키는 것으로 여기선 형식을 바꾸어, 즉 미사를 텍스트로서가 아니라 생활화하는 것으로 형식을 바꾸겠다는 말.

㉻ personne은 개성을 갖춘 개개인, 자기 자신, 인격, 개성 등 여러 뜻이 포함되어 있다. 전통적으로 인간과 神에 대해서만 personne이라 했지만 떼이야르는 우주가 personne화 과정에 있다고 보았다.

㉼ "뒤집는" 작용을 *le coeur de la matière* 36쪽에서 떼이야르 신부가 "tête-à-queue"(전환)이라고 말했다.

1929년 8월 23일

미, 말하자면 **진화**의 의미가 (과거에, 질료에 있지 않고) 에스프리Esprit에, 미래에 있음을 알아차리게 되었습니다. 그 결과로 에스프리는 오로지 인격성personnalité(혹은 초인격성hyper-personnalité)으로만 완성된다는 또 한 가지 초보적인 진리를 발견했습니다. 이와 마찬가지로 행동의 근본 문제(="의식을 가지고 사고하는 인간에게 **진행**의 진가와 진미를 어떻게 보전하고 정당화할 것인가")는 인격성의 문제(="개개 인간의 인격성la personnalité은 어떻게 보전하며 또 우주의 하나인 인격성une personnalité은 어떻게 착상할 것인가?")로 귀결됩니다. 그러므로 불멸의 영혼과 부활하신 **그리스도**께서 수위首位를 (우주 안에서) 차지한다는 것을 내가 인정하지 않을 수 없습니다. 말하자면 나의 이 견해는 그리스도교적 투시도(思考)에 정확하게 부합합니다. 그러나 이 투시도는 우주 진화의 투시도에 **접목된**(당연히 그래야 하기 때문) 것입니다. 이렇게 볼 때 제가 말하고자 하는 페르손이란 어떤 다수적plural이고 인위적artificiel인 절대absolu가 아니라 한 점에 집결하려는 거대한 노역에 연결된 열매입니다. 즉, 진화Évolution = 영성화spiritualisation = 페르손화personnalisation입니다. 그리고 나의 "미사"로 돌아와서, **성작**Calice의 크나큰 의미(**신성화된** 고난의 크나큰 진가)는 지고至高의 일치l'unification(personnalisation)를 위해 필요한 전제적 이중파열la double rupture préliminaire을 나타내는 것입니다. 즉, **창조주**가 피조물을 수용하기 위한 **창조주**의 (일종의) 파열(자기포기)과 신神과 하나가 되기 위한 피조물들의 인격성의 파열(자기포기)입니다. 이와같이 만약 **우주**가 **본질의 구조상**par structure de l'Être 페르손으로 완성되어야 한다면, 초보 페르손personnes-élémentaires에겐 중심 페르손Personne-Centre의 어떤 **계시**가 반드시 필요합니다.

왜냐하면 바로 이 중심 이외엔 그 무엇도 중심의 내부로 뚫고들어갈 수 없기 때문입니다. 오로지 한 분 그리스도, 우주적 노역을 **몸소 체험한** 그리스도만이 "이것은 내 몸이니라"Hoc est Corpus meum를 말할 수 있습니다. 그리고 다음도 동문同文.

보름 전부터, 언뜻 생각하다 보면 지난해 8월에 갔던 리오랑, 르퓨메리, 살레르스를 회상하게 됩니다. 벗님, 저 높은 정상으로 서로 항상 의지하며 우리 함께 올라갑시다! … 참 즐거운 나날이었습니다. 지금은 어디서 휴가를 보냅니까? 딱한 샹봉 집안은 어떻게 되었습니까? 유럽 소식은 6월 초에 듣고 그후론 모릅니다. 세실 소식도 마르그리트 소식도[3] 모두 모르고 있습니다. 우리 집 소식 역시 두절이라 … 건강치 못한 산모가 7월에 해산했을 것인데, 앞으로 한 달까지는 이곳에서 아무것도 못 들은 채 지낼 것입니다. 이 기나긴 소식불통은 이런 식의 나의 여행에서 가장 언짢은 일 중 하나입니다. …[4]

그런데 가끔 혼자 생각하기를, 세상은, 자기 원칙의 기하학을 너무나 확신하는 태평스런 도덕가들이 생각하고 있는 것보다, 물리적으로도 그럴 뿐 아니라 정신적으로도 더 끝없이 광대하고 더 **탐험되지 않았습니다.**

벗님, 가끔 편지 주십시오. 내가 그리스도 안에 밀착하여 살고 있으니 안심하십시오. 도네 씨에게 충심으로 문안한다고 전해 주십시오.

안녕히 계십시오.

P. 떼이야르, S.J.

---

3. 떼이야르의 육촌, 세실 테이야르 샹봉과 그녀의 언니 Claude Aragonnès, 떼이야르의 가계에 대해선 *Genèse d'une pensée* 31쪽 참조.
4. 원문에서 일곱 줄을 뺐다.

1929년 8월 23일

〈해설〉

페르손과 페르손화

 사상의 한 시기가 이 편지에서 그 개막식이 열리고 있다. 그는 이 사상을 추구하는 데 10년, 어쩌면 더 긴 세월을 필요로 했을 것이다. 진화적으로 창조된 우주에 사고와 의지, 자유 그리고 더 나아지려는 욕망을 지닌 페르손Personne이 창조되었다.
 페르손의 특색은 유일하다든가 대치될 수 없다는 것뿐 아니라 다른 페르손에게 또 신神에게 — 그리스도교인에게 있어선 세 인격체인 성삼위 하느님께 — 자신을 열 수 있다는 것이다. 떼이야르에게 있어 인간은, 다만 페르손적인 것뿐만 아니라 페르손화Personnalisation 도상에 있는 것이다. 그는 페르손과 페르손화에 대해 숙고했기 때문에 수많은 암초를 넘어설 수 있었다. 이를테면 전체주의나 파시즘, 공산주의가 쳐놓은 덫에 걸리지 않았던 것이다.
 대지Terre를 건설하는 계획표에 페르손에 대한 존경과 향상을 첫째로 하지 않고서야 어떻게 인간의 역행(퇴보)을 피할 수 있겠는가?
 정치란 다른 것이 아니라 인간이 인간다워져서 점점 더 페르손화에 도움을 주기 위한 방법의 선택일 뿐이다.
 페르손화에 있어 우리가 피해야 할 장애물은, 신격화된 상이점相異點(개성)이 없는 전체 속에 종교적이거나 심리적인 방법으로 우주와 인간을 용해하기를 주장하는 범신론이다. 떼이야르에게 있어서, 하느님 안에서의 일치는 페르손적인 것이며 페르손화하는 것이다. 그 일치는 하느님으로부터 와서 하느님께 돌아가는 사랑에 의해 이루어진다.

1929년 12월 14일
중국 국립 지질학 연구소

참으로 경애하는 벗님,

1930년의 새해 인사를 이제서야 여사께 보내니 정녕 늦은 감이 듭니다. 그러나 이제는 진실로 우리가 서로서로 신뢰하기 때문에, 이번에는 정말 더 간절한 마음으로 내가 하느님 앞에서 여사를 기억함을 의심하시지 않으시겠지요. 네, 벗님, 오는 새해는 어떤 일이 닥칠지라도, 만사를 해결해 주시는 무소부재하신 하느님께 모든 것을 완전히 맡기는 신앙으로, 아름답고 풍부한 한 해가 되어지소서. 여사의 변함없는 우정이 해마다 내게 더 소중해져 고스란히 힘이 되어줌을 굳이 말로 표현해서 그 무언가를 알려드려야 하겠습니까? 우정을 계속 간직해 두십시오.

11월 중순경에, 여사의 슬기와 마음이 한아름 가득 실린 기나긴 10월 13일자 편지를 반갑게 받았습니다. 여사께서 **성녀 오딜**을 끝마쳤다는[1] 것을 알고 참으로 기뻤습니다(1925년 9월에 지질학 유람차 그곳에 갔던 길에 그 수녀원에서 제가 몇 시간 지낸 일이 있습니다).

그런데 여사의 피로 증세가 지금은 다 가셨는지 알고 싶습니다. 1월 말경엔 여사로부터 한 자 소식이 오기를 기다립니다.

내 소식을 보고하라구요? 원정遠征에서 돌아온 후론 북경 지질학 연구소에서 거의 모든 시간을 보냈습니다. 천진엔 3주밖에 못 있었습니다. 동료 리상의 박물관을 내가 좀 돌봐야 하기 때문에 겨울을

---

1. 1929년 4월 15일자 편지에서 144쪽 참조.

내내 이런 식으로 지낼 수는 없을 것입니다. 그뿐 아니라 천진의 고요가 내게 필요합니다. 그렇지만 여기서 내 활동이 점점 더 중국인들에게 알려져서 흥미있는 일거리가 많이 생기는 것도 사실이고 또 이곳의 중요한 기관에 협력하는 것이 만족스런 것도 사실입니다. 우리 수도원에선(리상이 늘 그렇듯이 약간 어정쩡하게 나를 바라보는 것을 제외하고선, 하여간 당연하지요) 이런 내 상태를 호의적인 눈으로 봐줍니다. 어쨌든 나로선 1930년 말쯤, 다만 몇 달만이라도 이곳을 피해 프랑스로 가게 되었으면 합니다. 그렇지만 아직까지 상부의 동의는 얻지 못했습니다. 진심을 토로하자면, 이토록 내 마음이 지금만큼 잔잔한 적이 그전에 한 번도 없었습니다. 표면적으로 나를 가장 곤란하게 하던 모든 외부적인 테두리를 자신이 벗어난 것 같은 "내면의 탈주"(지난번 내 편지를 읽고서 여사가 이것에 대해 틀림없이 언급했습니다)가 강화되고 있습니다. 왜냐하면 옛날엔, 소견이 막힌 편벽된 처사에 몹시 반발했었지만 지금은 "그런 것쯤엔 이젠 끄떡 않는다"는 배포 같은 것이 그로 인해 생겼기 때문입니다. 나 자신이 오만하거나 그런 사람을 무시하는 마음은 없는 것 같습니다. 그렇다고 내가 더 거룩해졌다는 것이 아닙니다. 왜냐하면 이것은 보편적인 커다란 **현실**Réalités 앞에서 터무니없이 **실효**實效를 잃어버린 것처럼 간주된 자가 단순히 실신한 것뿐이기 때문입니다. 그래서 (어느 정도는 예기치 않았던 결과지만, 그러나 당연합니다) 우리 수**도원**의 편벽함이나 **교회**의 편협함까지도 내가 거의 개의치 않기 때문에 오히려 그분들의 종교적 경험에서 오는 경탄할 만한 보배나 신격화시킨 독특한 권한을 높이 평가할 만큼 마음이 훨씬 더 자유롭게 되었습니다. 그리고 다른 차원에서, 내가 장상들께나 교회에 대하여 포기할 것을 "포기"²했기 때문에 전보다 더 평화롭습니다.

학문적으로는 지질학에 너무 파묻히다 보니 "영적 에너지"(독립된 학문으로 물리학㉠에 연관시키는 것이 필요한 그리고 새로운 분야로 보이는)(물리학을 세분화시켜 순물리학과 영적 에너지학을 따로 둠)에 대한 연구가 지금 거의 무르익었는데도 작성하여 쓸 시간이 아직 없었습니다. 이것은 정신권㉡에 관해 여사가 알고 있는 견해를 확장시킨 것입니다. **진화의 토대**(1929년에 쓴)에 대한 아주 두툼한 글이 출판되기를 한때 바란 적이 있습니다. 『과학문제 평론』*Revue des Questions Scientifiques*(루벵)에서 그걸 싣겠다고 성가시도록 내게 부탁했었습니다. 원고가 완성되었었지요. 그런데 말리느의 교구 출판검열 위원회에서 마지막 순간에 부결했습니다! 그 잡지사에서 앙갚음하느라고, **이곳** 북경의 교황청 사도직 위원회에서 발행하는 조그마한 잡지³가 내게 요구하여 거기 실었던 내 글을 고스란히 in extenso 그대로 곧 실을 것인데, 부결당했던 것보다는 훨씬 짧지만 알찹니다. 「르 밀리외 디뱅」*Le Milieu Divin*이 곧 인쇄될 것이라고 루벵에선, 언제나 자기들이 나에게 편지를 보냈었습니다. 그런데 감감 무소식입니다.⁴ 이것 역시 무슨 꼬투리를 잡은 게 틀림없습니다. 비알르통㉢의 책⁵도 안 나왔습니다. 항

---

2. 1927년 Paris, Plon에서 출간된 장따의 소설 *La part du feu*(포기)에 빗대었다.
㉠ 142쪽 ㉡ 참조.　㉡ Noosphère: 희랍어에서 온 말로 esprit의 層(115쪽 ㉥ 참조).
3. 1929년 4월 15일자 편지에서 142쪽 참조.
4. 1929년 7월 8일에 샤를르 신부가 떼이야르 신부에게 *Le Milieu divin*이 인쇄에 들어갈 것이며 "모든 검열이 아주 무난하게 끝났다"고 편지에 썼다(*Lettres de voyage*, 125쪽과 C. Cuénot의 책 148-9쪽 참조).
㉢ Louis Vialleton: Montpellier(Paris 남쪽 753km에 있는 도시) 의과대학 교수.
5. Vialleton, *L'orgine des êtres vivants, L'illusion transformiste,* Paris, Plon 1929.

1929년 12월 14일

상 똑같은 부정적 비판에 똑같은 애매한 명목론名目論이 그 이유라 추정합니다. 쓸데없이 입을 떼어 따지기보다 작품을 구상하는 편이 낫습니다(더군다나 검열위원회에서 답변을 못하게 한다면 그야 더 말할 것 없지요). 바로 얼마 전 내가 관여한 북경 근방의 대발굴에서 원인猿人, Pithécanthrope과 갱신생중기更新生中期 원시인들의 일종인 네안델탈인les Hommes de Néanderthal 사이의 중간 단계로 보이는 두개골의 가장 큰 부분을 발견했습니다.ᵉ 기다려 보십시오. 신문이나 잡지에 이 뉴스가 반드시 보도될 것인데 신학자들에겐 이 소식이 연못 속에 던진 돌팔매가 될 것입니다.

　요즈음 마르그리트 누이의 일 때문에 좀 괴롭습니다. 세실의 일로 누이가 의기소침했는데다 점점 더 이별의 아픔을 못 이겨내는 것 같습니다. 우리 오누이의 깊은 우애에 내가 약간 책임을 느끼기 때문에 마음이 더 아픕니다. …⁶

　진심입니다. 저를 잊지 마십시오.

P. 떼이야르, S.J.

ᵉ　158쪽 참조.　　　　6. 원문에서 네 줄을 뺴었다.

〈해설〉
"수도원의 편벽함이나 교회의 편벽함까지도"

이 구절을 계기로 떼이야르 신부가 죽을 때까지 충실하게 사랑했던, 물론 때로는 오해도 했지만, 예수회와 가톨릭 교회와의 관계에 대해 말하고 싶다. 그의 "위기"의 골자를 요약하는 뜻에서 몇 가지를 제시하겠다.

① 떼이야르 신부는 예수회에서도 교회에서도 결코 유죄선고를 받지 않았다.
② 떼이야르의 사상은 예수회 신학자들에게만 특별히 알려진 것과 같이 일반 신학자들에게만 알려졌었다.
③ 떼이야르는 예외적으로 친구가 많았지만 예수회원에 국한된 것이 아니었다. 제2차 바티칸 공의회 조문에 미친 그의 영향과 예수회원 아닌 어떤 성직자들에게까지 미친 영향이 이를 말해 준다.
④ 떼이야르의 교회론이라고 부를 수 있는 것에 관해 연구한다면, 우주 내에서 교회가 설 위치(떼이야르는 이것을 축軸이라고 불렀는데 이는 그리스도가 계시는 위치이다)와 그리스도교의 일치운동(떼이야르는 흡수하는 운동을 바란 것이 아니라 하나의 구심점으로 동행하는 운동을 바랐다)에 관해 그리고 타종교와의 관계 및 새 시대의 복음화에 관해 숙고하는 데 많은 도움을 줄 것이다.
⑤ 무엇보다도, 비난받아 온 떼이야르에 대한 명예회복이 시급하다.
⑥ 그러나 1981년 파리 가톨릭 대학에서 거행된 떼이야르 신부 탄생 1백주년 기념 때에 요한 바오로 2세가 카사롤리 추기경에게 신중한 비평 연구를 쓰게 했던 것이 명예회복의 때가 온 것으로 보인다.

그래서 끝으로 이렇게 확언할 수 있겠다. 떼이야르 신부의 작품들을 주의 깊게 진지하게 읽는다면 그가 일생을 바쳐서 교회를 사랑하고 예수회를 존경한 것이 바로 하느님의 영광과 인간의 구원을 위해서였음을 알게 될 것이다.

1930년 2월 7일
천진

한결같이 따뜻한 여사의 편지에 어떻게 감사해야 할지. … 지극히 소중한 벗님! 오늘 저녁 1월 7일자 편지를 받고 정말 반갑게 읽었습니다. 그전에 포르트 마이오㉠ 쪽으로 서둘러 가기 위해 (늘 늦은 밤이었지요) 여사의 아파트 계단을 내려올 때 언제나 그랬듯이 지금도 편지를 읽고서, 여사의 온화한 듯 강한 힘에 깊이 감명을 받았습니다. 진심으로 감사합니다. 네, 르 퓨 메리는 참으로 좋은 추억이며 아름다운 상징입니다. 그러나 여사만 내게 의지하는 것이 아닙니다. 사실상 나 역시 여사에게 기대는 줄 여사께서 아실 것입니다.

지난번에 편지를 보낸 후론 내 이야기도 중국 이야기도 아주 새로운 것이 아무것도 없습니다. 북경에서 반을 살고(미국인 친구들 집에서 아주 즐거운 성탄을 지냈습니다) 나머지 반은 천진에서 삽니다. 북경에선 내가 "북경원인"Sianathropus을 지질학적인 관점에서 "소개"해야 할 임무를 지고 있었기 때문에 시간을 많이 뺏겼습니다.[1] 천진에 돌아오면 비교적 조용한 시간을 가질 수 있어서 그 기회를 이용해, 어떤 주제에 대해 내가 계속 그 주위만 맴돌던 것을 20여 장 썼습니다. 인간의 현상le Phénomène humain이라는 주제인데 이것을 생각한 지 어언간 4년이 되어갑니다. 내가 보기에 최근에 시도한 이

㉠ Porte Maillot: 파리 서남쪽 개선문 가까운 곳.
1. 1929년 12월 주구점 북경원인 발굴에 관한 것임(C. Cuénot의 책 125-8쪽 참조).

주제가 짧막하긴 하지만 먼젓번 것들에 비하면 현저하게 향상된 것 같습니다. 어찌됐든 요행을 바라고 이것을 루벵에 보냈습니다. 그러나 우리가 살아가면서 기회를 때맞추어 꼭 잡아야 한다는 것을 또 한 번 절감합니다. 고요함을 두고 비교해서 말하자면, 그지없는 평화를 누리면서 「르 밀리외 디뱅」*Le Milieu Divin*을 쓰던 1926~1927년 겨울과 이 겨울의 공통점이란 아무것도 없습니다. 뿐만 아니라 그때와 같은 오아시스를 앞으로는 또다시 찾지 못하리라 생각합니다. 북경 지질학 연구소에서 일하기 시작하면서부터 내가 여기에 쏟는 열성은 박물관에서 일할 때와 마찬가지지만, 유감스럽게도 파리의 자양분 많은 영성적 자극 같은 것은 부족합니다.

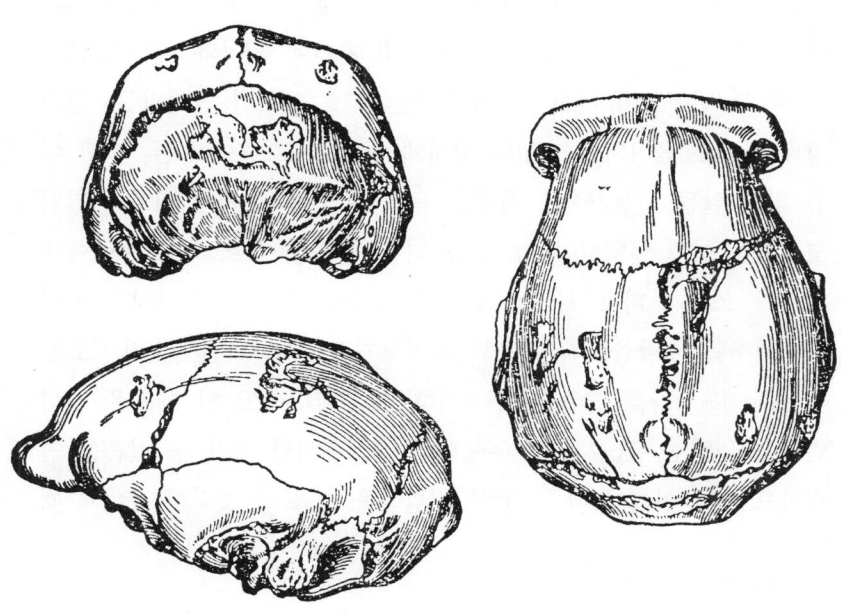

북경원인 두개골(연판)

바로 며칠 전에 마르그리트 누이에게 쓴 대로, 가까운 장래의 내 계획이 어느 정도 분명해졌습니다. 오는 봄과 여름에 조촐한 여행을 한 후 (요청하는 편지를 내가 썼기 때문에 만약 리용에서 허락한다면) 가을엔 파리에 들르고 싶습니다(딱, 가을뿐! …). 그 다음엔 씨트로앵이 주최하는 황색 탐험에 참가하기 위해 1931년 1월에 여기 돌아와서 중국 지질학 연구소를 대표하는 지질학자가 되어야 합니다. 벗님, 솔직하게 고백할까요? 내가 모든 일에 대해서 (중국에서 출발하는 이번 여행, 바라건대)ⓒ 점점 더 집요하게, 아마 항상 그렇습니다만, 더욱 다져진 의지력으로 일은 하지만 기쁨은 점점 더 느끼지 못한답니다. 같은 말을 되씹는 것 같은데, 여사께 내가 느끼는 것을 설명하려니 똑같은 말밖엔 떠오르지 않습니다. 말하자면 마치 어떤 것이 나에게서 나를 몰아내고 내 자리에 들어와 나를 하게끔 "강제"로 밀어붙여 버린 것처럼 지금 내가 "안하면 안된다"는 심리상태(사명감)로 옮아가는 느낌이 강하게 듭니다. 그 다음으론, 지난 여름 많은 일들이 성가시게 신경을 돋울 때 그 와중에서 내가 지녔던 고요함을 이제 설명할 수 있는 또 다른 양식을 마르그리트 누이에게 편지를 쓰다가 바로 최근에 발견했습니다. 지금은 내 신경을 긁어 곤추세우던 일들을 "감미롭게" 바라보지요. 왜냐하면, 내가 "**오는 것**"Ce qui vient(미래)을 향해 항상 지향하고 있었더라도 이 새로운 것이란, 오직 **있는 것**Ce qui est(현재)에 대한 충실에서만 생길 수 있음을 인정함으로써, 이제야 나 자신이 "반발심을 극복"한 것같이 보이기 때

ⓛ 18쪽 역주 19 참조.

ⓒ 황색 탐험에서 아르트가 지휘하는 파미르 그룹은 베이루트에서 출발, Victor Point이 지휘하는 중국 그룹은 북경에서 출발했다(27쪽 참조).

문입니다. 표현이 약간 역설적이지만 내가 아프게 겪은 것을 잘 나타내 줍니다. 그런데 이 경지에 도달한 것은 어떤 중개가 나에게 해준 것입니다.

『성녀 오딜』²이 출간되어서 대단히 기쁩니다. 이제 뭔가 할 수 있는 시간의 여유가 있다면 지금 뭘 하시겠습니까? 도네 씨에게 안부 전해 주십시오. 여사께서 의도하고 있는 것이 있으면 전부 그에게 빌려줘서 읽게 하십시오. 「르 밀리외 디뱅」이 지난 여름부터 … 인쇄에 들어가는 것으로 알고 있었는데 감감 무소식입니다. 십중팔구 아직까지 꼬투리를 놓지 않고 있습니다. 그렇게 어질던 비알르통³ 씨의 부보訃報, 잘 받았습니다. 재치가 약간 모자라긴 했지만 마음씨가 얼마나 훌륭했습니까, 그이가 지금은 무엇을 생각할까요? … 저 세상이란 무시무시한 신비입니다. 그곳을 위한 바람직한 준비는, 우리를 차례차례 몽땅 자기에게로 되찾아가는 이 우주에, 하느님을 위하여 하느님 안에서 열심히 봉사하는 것입니다.

질녀 가정에 안부 전해 주시고 축하해 주십시오.

또 소식 주시고

안녕히 계십시오.

P. 떼이야르, S.J.

…⁴

---

2. 144 153쪽 참조. 3. 루이 비알르통이 1930년 1월에 사망했다.
4. 추신에서 원문 두 줄을 뺐다.

1930년 2월 7일

〈해설〉

"반발심을 극복"

이 "극복"이란 떼이야르에게 있어선 노력으로 얻은 **자유**, 그래서 얻어진 **평화**, 그리고 오시는 이에 대한 **기다림**을 나타낸다.

　자유와 **평화** 그리고 **기다림**은 떼이야르가 자주 다루었던 중요한 세 가지 주제로서 우리가 빼놓을 수 없는 것이다.

　우주의 진화는 에스프리esprit의 상승과 동시에, 가장 엄격한 결정론(절대적인 부자유)에서 가장 혁혁한 승리(완전한 자유)에 이르는 느리면서도 불가항력적인(기필코 이루어지는) 자유의 상승으로 이해할 수 있다.

　자유는, 떼이야르가 앞선 생명la pré-vie이라고 부르는 물질matière의 진화에서 이미 그 윤곽이 나타난다. 생명과 더불어 자유는 더욱더 자연발생적인 것으로 항상 나타난다. 그러나 자유가 뚜렷하게 나타나는 것은 자유로운 개체와 더불어서다. 그래서 인간의 역사는 해방으로 표현된다. 따라서 떼이야르의 신학을 **해방 신학**으로 지칭할 수 있다. 성 바울로와 마찬가지로 떼이야르의 복음은 악과 불행과 죄의 해방자이신 그리스도의 복음이다. 우주의 통치자 그리스도는, 만남(재림)의 그날에 해산의 고통에 신음하는 전 우주를 완성시킬 것이다.

　자유는 이미 **평화**를 발사한다. 그 평화는 에스프리의 자유로서 영적인 것이며 모든 감성sentiment을 능가 초월한다.㉠

　떼이야르는 종종, 참된 평화의 이름을 빙자하여 허위 약속을 뿌리는 허풍쟁이 상인商人에 대해 그리고 하느님과 더불어 악에 저항해서 싸우려는 값비싼 노력을 거절하는, 그래서 부활의 신성한 평화로 이끄는 **그리스도 십자가**의 길조차 거부하는 페-벨랑트paix-bêlante(바보스럽게 속는 자만이 믿는 평화)에 대해 경고한다.

㉠ 로마서 5장 3절 참조.

이 인간 자유가 거둔 평화로운 승리, 즉 **하느님** 안에서 완성될 **세상** 마지막 날인 **그리스도 재림**의 그 날에서야 개개인과 전부를 위해 완성될 이 승리가 바로 우리 앞에 있다. 그런데 우리는 그 날도 그 시간도 전혀 모른다. 그러기에 그리스도교인에게 희망을 주는 **기다림**이 모든 인간이 가져야 할 기본적 자세이다.

떼이야르가, "오시는 분을 향해 나는 걸어간다"라고 즐겨 말했는데 이것이 바로 신앙인의 태도가 아닐까?

1930년 4월 3일
천진

지극히 소중한 벗님,

　3월 6일자 여사의 긴 편지를 최근에 받고서 늘 그렇듯 힘을 많이 얻었습니다. 여사께서 스페인으로 떠나기 전에 이 편지를 받을 수 있겠습니까? 여사께서 새로운 것을 보고 감탄하며 여행하는 동안, 항상 제가 여사를 기억하고 있음을 확신할 수 있도록 이 편지가 제때에 도착하기 바랍니다. 찬란했던 과거의 아름다운 유적들을 보노라면 눈과 마음이 풍족해질 것입니다. 그렇지만 여사께서 완전히 나와 생각이 같다면, 진정한 휴식도 참된 만족도 이런 유적의 아름다움, 즉 우리가 현재 과거 속에서 다시 산다는 것이 받아들여질 수 없는 그런 아름다움 안에서 찾을 수 없을 것입니다(왜냐하면 이 아름다움은 우리가 오래 전부터 그대로 두었던 "정신"âme(인생관)에서부터 나왔기 때문입니다). 고딕식 주교좌 대성당이 (나는 이런 건물이 신기하다고 생각하긴 합니다) 내게 제공해 주는 최상의 즐거움이란, 우리들의 에스프리esprit가 그 건물의 궁륭 너머로 지금도 그리고 영원히 벗어났다는 "승리감"입니다!㉠ 옛날엔 이런 식의 말을 감히 한 줄도 못 썼을 것입니다(사실 이런 말은 내가 생각하고 있던 것을 잘 표현했을 것임에도 불구하고 도저히 말할 수 없었습니다). 그러나 지금은 무엇이 진실인가를 큰소리로 외쳐야 한다고 믿습니다. 이미 여사께 말한 바 있지만 이런 생각은 "그 다른 분"l'Autre이 나를 사로

―――――――――
㉠ 건물이 아무리 좋으나 현대 감각엔 맞지 않고 고적에 불과하여 우리 의식이 옛 것에 매여 있지 않고 자유롭다는 말.

잡은 양상 중 하나입니다. 나로선, 과거에 대한(크리스천까지도 그렇습니다!), 현재에 대해서도 마찬가지지만, 사람들이 "만족해서 주저앉는 것"을 보면 도저히 참을 수 없게 됩니다. "항상 전진하라", "후퇴하지 마라"는 이 복음(그리스도께서 말씀하신 복음의 참된 메아리라고 생각합니다)을 따르도록 가장 잘 깨우쳐 주는 사람이 인간의 마음을 끄는 지도자가 되리라 나는 봅니다. 베르그송에 대한 여사의 이야기를 듣고 깊이 감동했습니다. 내가 마치 성처럼 존중하는 이 놀라운 분을 위해 기도합니다. 오귀스트 발랑생에게, 르 롸와 함께 가든지 그의 도움을 받든지 해서 그분을 찾아보라고[1] 제가 편지했습니다. 이 친구 르 롸는 어떻게 되었으며 하느님에 관한 그의 책[2]은 어떻게 되었습니까? 약간 불안합니다. 만일 또다시 유죄판결이 난다면, 이 친구가 새로 방향을 잡기 시작한 물줄기에 피해가 극심할 것입니다.

나의 이곳 생활은 항상 똑같습니다. 지질학에 관한 일이 너무 많아서 생각할 시간이나 글 쓸 시간이 별로 없습니다. 원고 청탁을 받았기 때문에 젊은 중국[ㄷ]이 사용할, 그리스도교에 관한 일종의 소논

---

1. 실제로 오귀스트 발랑생 신부가 1928년부터 비롯해서 베르그송을 찾아보았다. 처음에 그를 몇 번 만나본 후 발랑생 신부가 쓰기를 "상호적 친화력이 대단하며 블롱델과는 너무나 다른 것이. 용솟음치는 분출력이 덜한 반면 그 분출력 때문에 튕겨서 입히는 피해도 덜하오. 뿐만 아니라 확실히 한 걸음 앞선 사람으로서 나무랄 데 없는 사람이오"라고 했다. 오귀스트 발랑생의 *Textes et documents inédits*, Paris, Aubier, 1961, 206쪽에서 인용. 베르그송 사망 며칠 후, 1941년 1월 *L'Eveil de Nice*와 *La Croix*에 실린 헌사의 발췌문 참조. 르 롸와의 만남에 대해선 전게서 249쪽 참조.
2. 에두아르 르 롸가 준비하던 책, *Le Probléme de Dieu*를 두고 말했다(1932년 3월 20일자 편지). 175-6쪽 참조.
ⓒ 19쪽 역주 22 참조.

1930년 4월 3일

문을 쓰고 싶습니다. 제목은 "우주에 있어서 **그리스도교의 위치**"[3]라고 붙일 것이며 꼭 제시해야 할 내용은 ① 우주 만물의 **진화**에 있어서 본질적인, 또한 계속적으로 증가하는 기능에 종교는 어떻게 답할 것인가. ② 사실상 **그리스도교**가 현 종교로서 유일하게 존속 가능성을 가지려면 어떻게 해야 하는가(페르손personne과 계시의 **중요성**을 그리스도교가 인정함에도 **불구하고**, 더 정확히 말하면 바로 인정하기 **때문에**)입니다. 여기서 내가 반드시 명시해야 할 것이 무엇인지 그것은 거의 분명하게 알고 있습니다. 그렇지만 언제 쓸 시간이 있겠습니까? 4월 20일경엔 만주로, 그 다음엔 아마 앤드류Andrews 탐험대ⓒ와 동부 고비로 여행을 떠나기 때문에 이동移動과 뒤흔들림의, 연안沿岸이 없는 기간期間 안으로 내가 입장합니다. 그후엔 가을에 잠시 유럽에 들르고 싶습니다(여사를 다시 뵈올 수 있다니 얼마나 기쁩니까!). 그리고 나선 황색 탐험 — 나를 이끄는 힘 안으로 점점 더 빠져들며 전진합니다.

여사께서 무엇을 하는지 계속 알려주십시오. 글 쓰시고 그리고 생각하십시오. 여사께서 공감共感해 주시고 뒷받침해 주시는 것이 나에게 얼마나 값진 것인지 잘 아실 겁니다. 함께 나눌 이야깃거리가 참으로 많습니다. 애정과 우정에 관해 분간지을 토론거리도 많구요. … 이런 논제는 편지에서 다루기보다는 여사의 아담스런 "사색의 둥지"에서 분석하는 것이 더 낫겠기에 이번 가을 회기會期로 미루겠습

---

3. 이 "논술"은 씌어진 것 같지 않다. 그러나 이해 11월과 12월에 "우주에 있어서 인간의 통합에 대한 시도"라는 제목으로 Chadefaud에서 있은 회의의 주제(현재 분실)가 되었다.

ⓒ 미국 탐험대인 듯.

니다. 그건 그렇고, 약혼한 귀여운 두 아가씨[4]의 행복을 기원합니다. 여사의 이웃 아파트엔 각별히 세월이 빠릅니다!
  곧 또다시 소식 보내겠습니다. 안녕히 계십시오.

P. 떼이야르, S.J.

북경원인의 유명한 두개골이 날이 갈수록 제1급의 두개골로 증명되는데 — 이것은 시대에 뒤져 낡아버린 수많은 상상가들이 야릇하게도 난처해질 어쩔 수 없는 하나의 사실입니다.

---

4. 장따의 질녀 Marthe와 Monique Gallichon.

〈해설〉
"우주에 있어서 그리스도교의 위치"

"우주에 있어서 그리스도교의 위치"란 제목으로 떼이야르가 쓰겠다고 이 편지에서 말한 논평은 그 당시 작성할 시간이 없었다. 그러나 그는 이것을 백 번도 더 되풀이해서 썼을 뿐 아니라 이 주제에 대해 항상 생각하고 있었다.

여기서 제시한 이 문제가 사실상 그에겐 중요했기 때문에 더 세밀한 검토가 필요했었다. 유년시절에서 죽기까지 그의 머리를 차지하고 있던 이 주제는 여러 가지 문제를 내포하고 있다.

그것을 몇 가지 간추려 보겠다.

① 우주에서 **그리스도**가 차지한 (**그리스도** 자신이 말씀하신) 위치는 무엇인가?

② 일신론 종교건 아니건, 여러 타종교와의 관계에서 **그리스도교의** 위치는 무엇인가?

③ 무無종교라든가 회의론자로 자처하는 사람들에게 있어서 **그리스도와 그리스도교의 위치는** 무엇인가?

떼이야르는 이 여러 문제에 대한 해답을 찾아내어 하나하나 명백하게 설명했다. 그것을 전재하려면 한 권의 책이 필요할 것이다. 그래서 몇 가지 주목해야 할 사항만을 그의 글을 따라 이야기하겠다.

① 떼이야르는 자칭 신자라는 사람들뿐만 아니라 많은 비신자들과도 일평생 친분을 가졌었는데 그 누구도 결코 소홀히하지 않았다. 오히려 한 사람 한 사람에게 용기를 돋우어 그들이 모두 자신의 삶에 충실하도록 했다.

② 모든 종교적 신앙이나 또 **하느님**으로부터 무상으로 받은 은사임을 너무도 잘 알고 있는 **그리스도교** 신앙까지도 대지의 아들인 **인간**에 대한 신뢰와 그리고 인간의 미래에 뿌리박고 있다고 그는 생각했다.

③ 떼이야르는 인간으로서, **그리스도교인으로서** 그리고 **사제와 종교인**으로서, 자신이 전 생애를 통해 많은 은총을 입은 **교회**가, 오늘의 세상이 마음을 다해 흠숭하고 싶은 **하느님**으로서의 **그리스도**를 추구하기를 간구했다.

위의 몇 가지 사항으로 미루어 떼이야르가 지니고 있던 복음화, 교리교육이 무엇임을 우리는 상상할 수 있을 것이다.

1930년 8월 22일
중국 국립 지질학 연구소

지극히 소중한 벗님,

　브르따뉴에서 띄운 여사의 반가운 편지에 보답하려고 겨우 몇 줄만 보냅니다. 랑스㉠의 이 하구河口를 나도 알고 있는데 그곳이라면 1901년 8월이 떠오릅니다. 그 당시 새파란 풋내기 예수회원이었던 내가 처음으로 재르지㉡로 갔는데 추방을 당했었지요.㉢ 그것이 시초로 나중엔 내가 중국으로 추방당했으며 또 여사를 알게 되었고, 그건 대단한 것입니다.

　9월 10일에 북경을 떠나 시베리아를 거쳐 파리엔 9월 25일경에 도착하리라 생각합니다(10월 이전엔 여사께서 틀림없이 돌아와 있지 않겠지만 여하간 즉시 알리겠습니다). 우리가 만나면 이야기할 것이 참으로 많습니다. 내가 신체적으로는 나이가 좀 들었다는 느낌이 듭니다. 그러나 지금의 내가 이전의 나보다, 지극히 단순하게 지극히 냉정하게 그리고 동시에 지극히 열정적으로, 더 잘 "보는 것" 같이 생각됩니다. 여사에게 나의 내적內的 설계 도면들을 브리핑해 드리겠습니다. 이 도면들이 외부로 빛을 발사하지 못하기 때문에 내가 항상 답답합니다. 어쨌든 루벵(*Revue des Questions Scientifiques*)에서 얼마

㉠ Rance: 브르따뉴에 있는 강.
㉡ **Jersey**: **Anglo-Normandie** 섬들 중에서 가장 크고 인구가 가장 많은 관광지.
㉢ 프랑스 예수회가 1880년에 청소년들을 가르칠 권리를 박탈당하고 수련생 등 920명이 외국으로 이주했는데, 20년 후엔, 1901년 7월의 법률에 따라 또다시 추방당했다(Jean Claude Dhôtel, S.J., *Les jésuites de France*, Paris, Desclée de Brower 1987 참조).

전에 "인간 현상"le Phénomène humain에 관한 짤막한 글을 보고 흥분해서 끔뻑 넘어갔었습니다.¹ 그래서 되려 나로선 루뱅에서 내 글을 보고 약간 돌았다고 평가하는 것보다 더 두렵습니다. 「르 밀리외 디뱅」*Le Milieu Divin*은 잘 파묻어 둔 것처럼 보이지만 오히려 그런 것이 더 말썽거리가 될 수 있습니다. 그것이 인쇄에 들어간다고 했던 것이 벌써 일 년 전 일이 아닙니까?

그러나 지금은 내가 철학가가 되었습니다. 정확히 스토아 학파ⓔ는 아닙니다만 진실의 발걸음 앞엔 인간의 장애물이 "존재하지 않음"(아무것도 아님)을 확신하는 철학가랍니다.

만날 때까지.

P. 떼이야르, S.J.

---

1. 155쪽 참조.
ⓔ 장따 여사의 박사학위 논문 주제를 빗댄 것(14쪽 참조).

1930년 8월 22일

〈해설〉

"진실의 발걸음"

떼이야르는 **진실** 그 자체는 논하지 않았다. 학자로서 영성가로서, 실재 — 하느님 뜻의 완성으로, 또한 학문의 대상으로 — 에 다가가기 위한 필요한 조건들에 관심을 가졌을 뿐이다. 그렇기 때문에 "진실의 기준들"에 관해 종종 이야기했고 진실을 향한 발걸음을 위해 그 안에 표시되어 있는 정확한 안표眼標를 알아보았다.

그는 이것을 일관성과 다산성la cohérence et la fécondité이라는 말로 요약하고 있다. 일관성은 그에게 있어 진실의 첫째 안표 혹은 표적을 뜻한다.

우주는 개시 이래, 가장 복잡한 현대에서도, 일치의 길을 향해 시동始動한 창조적 에너지에 의해 다듬어지고 있다. 그리고 우주가 진화하는 과정 속에 더 완전해질 터이지만 이미 최초부터 조화를 이루어 제균형을 지니고 있었다. 우주의 그 "일치 지향성"은 하느님 모습을 따라 지혜롭게 창조된 인간이 그것을 깨닫게 될 것이다. 인간이 점차로 모색해 가면서 접근하여 발견하게 될 진실의 첫 기준은 조리정연한 일관성이다.

다산성은 진실의 둘째 기준이다. 진실은 살아 있기 때문에 번식하고 자라는 소명이 있다. 진실이 우리로 하여금 항상 더 나은 우리가 되도록 하지 않는다면, 다시 말해 **새 사람**l'Homme Nouveau의 길에서 끊임없이 더욱더 인간화하여 우리가 열매를 맺을 수 없다면 그 진실은 아무것도 아니다. 인류가 **전 인간**l'Homme Total에 이르는 자기의 길을 추구할 수 있도록 서로 도울 수 있게 진실이 빛을 비출 수 없다면 그 진실 또한 아무것도 아니다.

그리스도교인 떼이야르에게 있어 진실(진리)이란, **그리스도**께서 "나는 길이요 **진리요 생명**이니 …"라고 우리에게 말씀하셨을 때 **그분이** 자신을 두고 명명命名하신 그 명사 중 하나다.

그래서 진실의 발걸음은 동시에 사랑의 발걸음임을 우리는 더 잘 이해할 수 있다.

1932년 3월 20일
북경

지극히 소중한 벗님,

돌아와서 한 달이 지나도록 여태껏 회답을 못 드려 나 자신이 퍽 원망스럽습니다. 지난 여름에 주신 아름다운 엽서와 11월 6일자의 반가운 편지 모두 잘 받았습니다. 요 근래 몇 달 동안 분주하게 지내느라 편지는 못 썼지만 그렇다고 내 정신이나 마음이 여사를 떠난 것이 아님은 여사께서 잘 아실 것입니다.

오랜 침묵 끝에 지금 드릴 말이란, 어느 오후 여사 곁에 앉아서 사람들에 대해, 나라에 대해, 생각이나 새로운 경험에 대해, 이런저런 이야기를 서로 나눌 수 있기를 꿈으로 그린다는 그것뿐입니다. 오는 가을에 그런 날이 있기를 간절히 바랍니다. 우선 그때까지 이것을 알려드립니다. 무엇이 어떻든 따질 필요 없이 내가 탐험대를 따라갔던 것이 아주 만족스러웠다는 사실입니다. 즐거움(낱말의 피상적인 뜻에서)이란 거의 찾을 수 없었고 계속 지루했지만 반면에

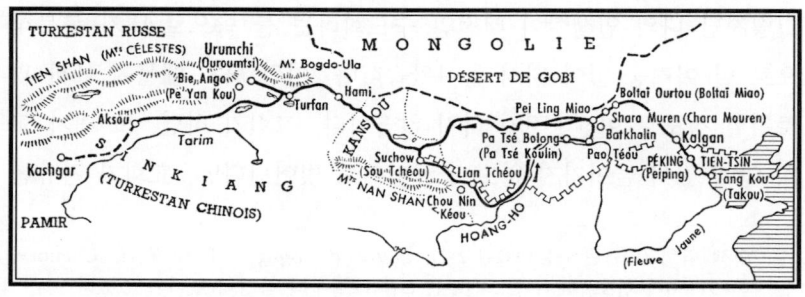

황색 탐험의 계획도

아시아에 대한 나의 지식이 배로 증가하는 막강한 이익이 따랐습니다. 사물에 대한 직업적인 이런 지식은 나의 활동에 있어서 하나의 자양분이 되는 한 부분임을 여사는 아십니다. 탐구하려는, 알고자 하는 정열이란, 종교나 **신비론자**에게 있어서 가장 생생한 표현 중 하나가 아니겠습니까? 탐험[1]이 약간 요란스럽긴 했지만 그래도 위대한 이 수고가 아르트[2]의 급서로 얼마 전에 막을 내렸다는 것은 신문을 통해 알고 있겠지요. 그분이 북경에 도착했을 때 이미 폐렴에 걸려 있었다고 생각합니다. 그랬던 것이 다시 재발해서 결국 홍콩에서 숨을 거두었습니다. 이분의 임종시에 내가 곁에 있을 수 없었던 것이 참으로 가슴 아픕니다. 나는 잘 알고 있는데 정말 성실하고 의협심이 강하며 너그러운 사람이었습니다. 마지막 무렵에 내가 같이 있었다면 그에게 위로가 되었을 것인데 … 여러 가지 이유로 내가 인도지나행 탐험대에 따라갈 수 없었고, 불행은 그후에 일어났습니다.

나로 말하면, 바로 얼마 전까지도 소란스런 여행중에 있다가 급작스레 반+종교인 생활로 돌아와서인지, 얼마 전의 이 탐험(어쨌든 길었습니다)이 아득한 옛일처럼 느껴집니다. 계속했더라면 나의 "체질에 맞는" 환경이 "속세"임을 또 한 번 거기서 확인했을 것입니다. 그렇지만 나의 인생살이 터전인 수도회라는 틀 속으로 내가 부분적으로 별 어려움 없이 다시 돌아왔습니다. 이런 처지 때문에 몹시 괴로워할 정도로 이젠 "진지"하지 않습니다. 그런가 하면, 또 내가 교회 안에 깊이 들어가지 않고 조금이라도 벗어난다면, 교회가 자유롭

---

1. "황색 탐험"(1931년 5월~1932년 2월). *Lettres de vogage*, 145-66쪽, C. Cuénot의 책 157-66쪽 참조. 떼이야르 신부는 2월 12일부터 북경에 돌아와 있었다.
2. "흑색 탐험" 후 "황색 탐험"을 조직한 Georges-Marie Haardt.

게 되기 위해 일하는데, 교회를 벗어난 그만큼 나 자신이 덜 적절한 사람이 될 것이라고 생각합니다.[3] 여기 돌아온 지 얼마 안되어 나의 내면(靈性)을 다시 찾기 위해 8일간 피정을 했습니다. 그리고 난 후 북경에 가서 일을 또 시작했는데 이 연구소에선 내가 점점 더 두드러지게 필요한 존재가 되었습니다. 이제 앞으로는 확실히 내가 파리보다 오히려 중국을 떠나지 않게 될 것입니다. 프랑스에 내 모습을 다시 나타내기까지(금년 겨울 전에) 간단한 여행 이외 다른 여행은 못하리라 생각됩니다. 이제 그런 일은 넌더리가 나서 하고 싶지 않습니다. 게다가 이 나라에선 여행이 갈수록 더 힘들어집니다.

마르그리트 누이가 이 이야기를 해 줄 것입니다만 … 내가 그곳에 없었던 덕분에, 우리 예수회의 점잖은 옹호(순수하게 나를 위해 하는 것이 아니라 자기 자신들의 명성이나 평판에 훨씬 더 비중을 두는, 나는 그것을 두려워합니다) 덕분에 르 롸 사건의 불쾌한 반응은 내가 염려하지 않아도 될 것 같습니다. 성실하려고, 명확하려고 (르 롸 자신에게) 그가 지나치게 염려했기 때문에, 내가 보기엔 공격받을 여지가 없는, 세 권 반이나 되는 책[4]들을 금지시킨 대목이, **하느**

---

3. 드 뤼박 신부의 서론에 떼이야르 신부가 부딪쳤던 난관과 그의 반응의 본질이 밝혀져 있다.
4. "르 롸 사건"은 1931년 6월 24일 성청의 명령에 의해 그의 저서 여러 권이 금서 목록에 올랐던 일을 말함(A.A.S., 1931, 330쪽). 즉, *L'exigence idéaliste et le fait de l'évolulion*(이상주의적 요구와 진화의 사실, 1927), *Les origines humaines et l'évolution de l'intelligence*(인류의 기원과 지성의 진화, 1928), *Le Problème de Dieu*(하느님의 문제, 1929) 그리고 *La pensée intuitive*(직관적 사상, 1930)의 둘째 권임. 모두가 "세 권 반"이 됨. 떼이야르 신부는 르 롸의 하느님 존재 증명에 대한(*Le Proèleme de Dieu*의 첫부분) 평론 속에 다른 책까지 금지당하게 된 원인이 있다고 생각했다. 이 "사건"에 대해 떼이야르 신부가 장따 여사에게 위의 편지를 쓰기 일주 전 3월 13일에 발랑생 신부에게 다음과 같이 썼다. "'하느님에 관

님의 문제le Problème de Dieu 첫 부분에 있었는데, 나도 여사와 마찬가지로 정말 애석하게 생각합니다. 이때문에 내 눈에 참신한 **그리스도교**의 여명으로 보이는 정신과 추세가 혐의를 받게 될 것입니다. 그렇지만 나는 나 혼자서라도 과거와 똑같이 앞으로 전진하기로 결심했습니다. 먼저「르 밀리외 디뱅」Le Milieu Divin부터 손을 대겠습니다. 혹시 언젠가 출판이 가능하다면 그때를 위해(?) 수정해 달라고 내게 요구했는데 곧 할 것입니다. 다음으론, 자유스런 때가 오면 제일 먼저 형이상학적인 기본적 종교 문제에 관해 새로운 것을 쓸 생각입니다. 즉, "**다수**Multiple는 무엇이며 그리고 어떻게 그것을 **합일**Unité이 되도록 줄일 것인가"(동양적 해결책과 서양식 해결책)⑦라는 것입니다.

한 지식'의 첫부분 반이 다른 책까지 휩쓸어 유죄판결을 받게 했으리라 추측하오. 왜냐하면 고발당한 네 권의 책 중에서 4분의 3과 반은 (어떤 경향 혹은 세계관Weltanschauung을 비난한 것을 제외하고선) 어디에고 비평의 날카로운 이빨에 물어뜯길 건덕지가 없다고 보오(그렇지만 사실 따지고 보면 그것이 바로 원인이 아니겠소?). 그는 취소하면서(내가 아직까지 보지는 못했소만) 자기가 왜 취소해야 하는지 "이해 못했지만" 단지 교회에 순종하는 뜻에서 취소한다는 편지를 같이 띄운 것을 내가 알고 있소. 이렇게 해서 형께이 감소된다면 나는 의아했을 것이오. — "비신자"의 눈으로 보더라도. …"

⑦ "… 그 다음, 다수는 어떻게 극복하며 그리고 또 합일엔 어떻게 이를 것인가?" 즉, 동양적 해결책(다수에 대한 환영illusion을 제거하거나 회피함으로써, 그 환영을 흩어버리면서 합일에 이른다)과 서양식 해결책 …("각자 자기 길을 걷는 데 노력함으로써 (자연적으로 한 점에 모이려는 다수의) 힘을 연장하면서 합일에 이른다"). "해탈le détachement의 신비론인가? 횡단la traversée의 신비론인가? 금세의 그리스도교는, 인류 구원을 이루어 주는 둘째 길을 향해 방향을 돌리고 있다고 나는 생각하네(이것이 내가 일생을 거는 것이라네)"(Teilhard de Chardin, *Lettres inédites* 94-5쪽).

어느 때건 모든 정신적(지적인 것과 윤리적인) 노력으로 이루어지는 합일을 향한 걸음에 두 개의 출구가 있소.

① 다수를 잊으려고, 회피하려고, 제거하려고 애쓰는 것("동양적" 해결책). 하나'Un는 우리가 침묵했을 때 나타날 것이다.

한 번 더 여사와 함께 이 모든 것에 대해 이야기하겠습니다.

여기도 프랑스처럼 염세주의자가 많습니다. 진행되고 있는 여러, 커다란 탈바꿈 앞에서 소심小心이라는 이 파도에 반드시 저항해야 한다고 생각합니다. 사라져가는 형식에 자기들의 우주를 묶어놓는 사람들, 또는 **세상**이 새로워질 힘도 없거니와 필요도 없다고 믿는 사람들만이 비명을 지르며 한탄할 권리를 가지는 것입니다. 여사도 나도 우리는 바로 이런 사람들과는 다른 사람입니다.

그리스도 안에서 여사에게 마음을 다하며 …

P. 떼이야르, S.J.

---

② 다수에서 하나가 나오도록, 다수를, 은밀한 단일화의 **힘의** 極까지 밀어붙이면서 노력하는 것(**하나**는 우리가 동의하거나 통합했을 때 나타날 것이다. 서양식 해결책).

a priori(先驗的으로), 두 해결책은 모두 가능성을 지니고 있소. 그러나 **사실상** 동양적 해결책은 합법적으로 공인받기엔 무력하다고 현대의 모든 진화(발달)로부터 비난을 사고 있소"(상게서 98쪽).

1932년 3월 20일

〈해설〉

"탐구하려는 … 정열"

탐구, 이것도 떼이야르의 머리에서 항상 떠나지 않던 또 하나의 주제이다. 그는 과학자, 철학가, 윤리학자, 신학자, 신비주의자, 작가 그리고 시인, 이런 칭호를 모두 받을 만했다. 그러나 그중에서도 특히 떼이야르는 탐구자이다. 우주의 방향과 비밀의 탐구자며 우주에 있어서 인간의 위치와 사명의 탐구자였고 무엇보다도 하느님의 탐구자였다.

학문에 관한 그의 모든 저서는 **대지**를 실험실 삼아 탐구한 업적을 여실히 보여주고 있다. 떼이야르의 걸작인 「인간의 현상」 le Phénomène humain과 또 다른 작품들을 보면, 그가 인간에 대해 인류의 미래에 대해 지녔던 정열을 알 수 있다.

그러나 그는 **하느님**의 탐구자였기에, 오늘날의 우리에게 내일을 드러내 보여주는 것이 가장 중요했다. 미래의 건설을 위한 중요성과 탐구에 관해 그는 빈번히 이야기했고 글을 썼다. 이 커다란 주제를 다룬 글 중에서 두 가지만 간단히 소개하고 싶다.

하나는 1947년에 쓴 것으로 제목이 "탐구에 대한 종교적 가치에 관하여" 이다. 여기서 그는 사제로서 탐구자로서의 자기 삶의 골자가 무엇이었던가를 서술하고 있다. 그리고 또 두 가지 신앙의 종합, 다시 말해서 **하느님**에 대한 신앙과 **우주** 안에 있는 인간에 대한 신앙의 종합이라는 난해한 문제를, 떼이야르 자신을 위해, 다른 많은 이들을 위해 어떻게 구체적으로 그가 해결했음을 말하고 있다.

그러나 가장 감동적인 저서는 그의 최후의 글로서 제목은 "**탐구, 작업, 그리고 흠숭**"이다. 씌어진 날짜는 1955년 3월, 수취인에게 도착된 것은 그가 타계한 후다. 이 글에선 오래 전부터 상반된 **땅**과 **하늘**이 새로운 형태 — **땅**의 완성을 통해 **하늘**로 — 로 사라지는 (혹은 고쳐지는) 그날에 탐구와 작업이 어떻게 흠숭의 한 모습을 가지게 될 것인가를 이야기하고 있다.

1934년 6월 24일
중국 국립 지질학 연구소

지극히 소중한 벗님,

 5일 전 스촨의 오지奧地에서 돌아오니 부활절에 보낸 여사의 편지가 미풍에 실려온 듯 다정스레 나를 맞았습니다. 몇 달 전부터 여사에게 편지를 써야겠다는 생각을 잊지 않고 살아왔다는 것을 여사에게 확인해 드릴 필요가 있겠습니까? 그리고 그 다음엔 … 보시는 바와 같습니다. 사진 감사합니다. 무엇보다도 여사의 우정에 감사합니다. 뿐만 아니라 이 우정을 통해 고요와 잔잔함을 보내주시니 더욱 감사합니다. 그러고 보니 여사가 얼마나 값지고 희귀한 존재입니까? 내가 기운을 되찾도록 훗날에 잠깐 여사 곁에 가고 싶습니다!

 소식을 못 보낸 지 벌써 일 년도 더 되는데 내 이야기를 모두 편지에다 실으려면 무슨 말부터 해야 하겠습니까?

 요점만 말하자면, 제게 관한 것은 중국은 물론 로마도 파리도 전부 새로운 소식은 아무것도 없습니다. 이곳에선 블랙 박사[1]가 뜻밖에 돌아가셨지만(이분의 서거는 내 일생에서 가장 큰 슬픔 중 하나입니다) 조사 연구는 같은 방침으로 계속하고 있고 주구점에선 북경원인을 계속 찾아내고 있습니다. 나는 부활절 이후로 양자강 계곡을 쉴새없이 탐색했고 남경에서부터 티벳의 첫 지맥支脈까지 찾아갔습니

---

1. 지질학 연구소의 책임자 Davidson Black 박사가 북경의 자기 실험실에서 "북경 원인과 Upper Cave 사이에서" 3월 16일에 심장마비로 사망했다(G.B. Barbour, *Teilhard de Chardin sur le terrain*, Paris, Seuil, 1965, 76-7쪽 참조). 떼이야르 신부가 10년 이상 그와 함께 일했다.

다. 끝없는 일 복輻이 중국에선 줄어들 기미가 전연 없습니다(오히려 정반대입니다!). 나 역시 나의 나날을 여기서 끝마칠 생각이 익어 가구요. 물론 파리와의 교류는 그대로 유지하면서. 포기하지 않습니다. 그런데 오는 겨울에 프랑스에 다시 나타날 수는 도저히 없습니다. 블랙 씨가 없기 때문에 내가 자리를 더 성실하게 지켜야 합니다. 그뿐 아니라 나로서도 유럽 여행을 위한 뚜렷한 명분이 없습니다. 그렇지만 어떤 것도 결정된 것은 아닙니다. 파리에 그렇게 잠시 들르고 싶은 마음 간절하지만 또한 그것이 두렵기도 합니다.

로마에서는, "이야기하기" 위하여 나를 초청하는 문제가 애매했습니다. 어쨌든 나로서도 성실한 화해란 어떻게 하며, 또 할 수 있을지 사실 백지白紙입니다. 내 친구 드 본느빌 신부(리용의 관구장)가 이 방문("ad limina")을 극구 만류합니다. 그래서 부동자세를 취하고 있습니다. 지난 겨울에 나를 고발하는 투서가 여러 장 있었던 모양입니다. 그 가운데 하나만 알고 있는데(그야말로 터무니없습니다) 내가 인류학회에 보낸 순수한 학술 보고서를 비난한 것으로 아무런 문제가 없었습니다. 그러나 내게 관한 범죄 기록서가 두툼할 것입니다. 내가 항해하는 물속에는 떠도는 기뢰가 많이 깔려 있습니다.

파리에서는 내가 소식이 없으니까 거기서도 거의 소식이 없습니다. 그러나 내가 받은 책 서너 권을 보고(특히 *Vie Intellectuelle*) 세르틸랑즈의 위대한 필치[2]가 다시 나타날 정도로, 서서히 사상이나 표현까

---

2. 특히 A.-D. Sertillanges, *Dieu ou rien?*, Paris, Flammarion 1933, 1권 1장("Dieu et le Monde")과 2장("Dieu et les origines humaines")의 9-149쪽 참조. *Dieu ou rien?*에 대해선 떼이야르 신부가 세르틸랑즈 신부에게 뜻깊은 편지를 썼다 (Sertillanges, *L'âme et l'univers*, Paris, Éditions ouvrières 1965, 16-7쪽에 실려 있다).

지도 제 길을 찾아 전진하고 있음을 확인했습니다. 이런 사실이 내가 견디는 데 도움이 됩니다. 어쨌든 좀더 가까이 가서 되어가는 일들을 보고 싶고 그래서 새로운 추진력을 다시 주고 싶습니다.

나 자신을 밑바닥까지 들여다봐도 변한 것이란, 같은 노선路線 안에서이지 그 선을 벗어나선 아무것도 변하지 않았다는 이 사실을 여사께 말씀드리면 그것으로 족합니다. 그 결과 내가 점차적으로 더욱더 많은 일의 테두리 밖에 있다는 것입니다. 이 편류偏流가 변화하여 균열이 생기지 않도록 내가 이끌어갈 수 있었던 것은 오직 이국異國 생활 덕분입니다. 나를 얼마쯤 안심시켜 주고 또 나를 구해주는 것이 있는데, 그것은 한편에서 만약 내 앞에 세워둔 성직자의 규약과 성직자의 표상이라는 성벽이 모두 결정적으로 완전히 무너진다면, 이는 바로 내가 이전에 **그리스도교**의 심오한 주축으로 생각했던 그것에 더 이상 가까이 있지 않았다는 사실을 증명한다는 것입니다. **그리스도교**의 심오한 주축이란 앞으로 나타날 **세상**의 진가, **에스프리**Esprit의 우위優位 그리고 위격la Personnalité과 신적 위격Personnalité divine의 우위를 말합니다. 나로선 **세상**에 대한 열정적인 신앙(사랑)과 **하느님**을 믿는 열정적인 신앙(사랑), 이 두 신앙의 종합(이론적인 그리고 실천적인)을 제외하고선 해결책도 힘도 안 보입니다.㉠ 인간적인 삶을 살수록 더욱더 그리스도교적인 삶을 살 수 있고, 그리스도교적인 삶을 살수록 인간적인 삶을 살게 되니, 온전히 인간적이며 온전히 그리스도교적인 삶을 살게 될 때 겉보기엔 역설적인 상태로 몰리게 됩니다. 그러나 나는 조금도 흔들림 없이, 점점 더 **삶**La Vie에 신뢰를

㉠ 54 103 105 184쪽 참조.

1934년 6월 24일

갖기로 결심했습니다. 그 다음엔 어떤 일이 내게 닥쳐도 그것이 "세상을 위한 봉사"라면 조금도 두려워하지 않을 것 같습니다.

지난 겨울엔 어느 정도 글을 다시 쓸 수 있었습니다. 맨 먼저 20년 전부터 모아둔 기록을 거의 총망라해서 그 본질을 20쪽으로 압축해 아주 성공적인 논평 「그리스도론과 진화」[3]를 썼습니다. 다음엔 「정결의 진화」[4]에 대한 것으로 주제가 부족한 스케치 같은 것입니다. 첫째 논평은 오귀스트 발랑생, 드 뤼박, 르 롸, 샤를르, 마레샬에게만 보였습니다. 아직은 발랑생만 소감을 보냈는데, 나의 가장 좋은 논술(!) 중 하나로 생각한다고 했습니다. 이 말은 틀림없이 발랑생이 전부를 칭찬한다는 뜻이 아닙니다. 둘째 작업은 아직까지 내 서랍 속에 있습니다. 왜냐하면 이것이 자칫 잘못 이해될 위험률이 많기 때문입니다. 그렇지만 이것은 절대적으로 성실하며 전적으로 사용을 떠난 시작試作으로, 지독히 중대하게 지독히 애매하게 생각되는 문제의 밑바닥을 파헤치려고 노력한 것입니다. 정결을 "변호"하고, 특히 "정결의" 본질과 진가를 밝히기 위한 것으로 추상적인 것이 전혀 없는 문제와 도전에 대응하려고 내가 이전에 틀림없이 명백하다고 확신했던 것을 이 논술에 전부 집결시켰습니다. 이 문제는 우리가 함께 토론해야 하겠습니다. 이것은 **질료의 문제**, 그리고 **질료의 영적 힘의 문제**에[ㄴ] 불과하지만 실은 근본적인 문제입니다. 다른 것도 몇 가지 계획하고 있습니다. 그중에 중요한 것은, 내 원고들을 사방으로 돌리는 (툴루즈의) 몽시뇰 브뤼노 드 솔라즈[ㄷ]를 위해

---

3. *Christologie et Évolution*: 1933년 성탄, 천진에서 쓴 타자기로 친 원고 22쪽.
4. *L'évolution de la chasteté*: 1934년 2월 북경에서 쓴 타자기로 친 원고 26쪽.
ㄴ. *Le coeur de la matiere*, 81-91쪽 참조.

쓴 「나의 믿음」이란 논술[5]이 있습니다. 그리고 「세상과 함께 드리는 미사」Messe sur le Monde를 더 깊이 연구하여 다시 손을 보아 작성하려는 「세상의 성사」[6]가 있습니다. 그렇지만 언제 그럴 시간이 있겠습니까?

자 보십시오. 내 이야기만 빽빽하게 세 쪽을 썼습니다. 아무튼 여사에게 나를 다 털어놓을 수 있는 이것이 나 자신을 위한 가장 좋은 선물임에 틀림없습니다. 자주 편지 주십시오. 전보다 더 어김없이 답을 보내겠습니다. 그 다음엔 … 하느님께서 여사의 평온을 지켜 주시기를, 그리고 우리 두 사람이 존재자를 더욱더 경애할 수 있기를 …

안녕히 계십시오.

P. 떼이야르, S.J.

여사의 뇌이이의 보금자리에 모이는 친구들, 내가 만난 도네, 가릭, 살리나[7] 등등, 여러분에게 특별히 안부 전해 주십시오. 아무도 잊지 않습니다.[8]

ⓒ Bruno de Solages: 1928년 떼이야르가 그에게 첫 편지를 쓴 당시엔 Albi(파리 남쪽 667km에 있는 도시)의 신학교에서 철학을 가르쳤고 다음 해엔 Revue 잡지의 편집장이 되면서 잡지 이름을 Revue apologétique로 바꾸었다. 그에게 보낸 떼이야르의 편지들이 Lettres intimes de Teilhard de Chardin, Aubier Montaigue, 1974에 실려 있다.

5. Ma croyance: 1934년 10월 28일 북경에서 쓴 타자기로 친 원고 40쪽, Comment je crois일 것이다. 몽시뇰 드 솔라즈가 Le livre de l'espérance, Paris, Spes 1954, 58-60쪽에 이것을 널리 인용했다.

6. Sacrement du Monde는 계획으로 머문 채 쓰어지지 않았다.

7. Salinas: 프랑스 최초의 인턴 자격시험 통과 의사들 중의 한 사람인 마담 다르칸느로서 레옹틴느 장따 전기의 저자이기도 하다(37쪽 참조).

8. 원문에서 다섯 줄을 삭제했다.

〈해설〉

"요점의 되풀이"

이 편지는 아주 귀중하다. 그의 삶이 20년이 남았을 때 쓴 것이다. 남은 여생 동안 자신의 메시지를 명백히했지만 아무튼 그는 여기서 그 요점을 설명하고 있다. 일찍부터 그는 직관적으로 깨달은 것을 "작열하는 견해"로 표현했다. 그래서 거침없이 글을 썼다. 그러나 그는 이렇게 말하고 있다. "변한 것이란 같은 노선 안에서이지 그 선을 벗어나선 아무것도 변하지 않았습니다."

자신의 최초의 직관력을 따라 충실하게 살던 그가 장년기에 와서 그리스도교의 심오한 주축으로 간주했던 바를 명확하게 말하게 된다. 그것은 "세상의, 앞으로 나타날 진가, 에스프리Esprit의 수위首位 그리고 위격Personnalité과 신적 위격Personnalité divine"이다.

이렇게 해서 그는, 모든 성실한 사람과 함께 나누기를 꿈꾸던 해결책이 무엇이며 자신의 삶의 힘이 무엇인지 다음과 같이 몇 마디로 (그 이후부터) 설명할 수 있었다. 즉, "세상에 대한 열정적인 신앙(사랑)과 하느님을 믿는 열정적인 신앙(사랑), 이 두 신앙의 종합(이론적인 그리고 실천적인)." 그리고 "양자兩者에 의해서 온전히 인간이 된다는 것과 온전히 그리스도인이 된다는 것" 이것이었다.

떼이야르 신부가 천진하리만큼 그렇게 모르는 것이 아니다. 인류가 항상 더욱 나은 개개인이 되게끔 인류에게 자신을 보여주시는 그리스도의 그 진리로 인류가 문을 열도록, 인류에게 남아 있는 길을 그는 모두 알고 있다.

그뿐 아니라 교회가, 떼이야르의 교회가, 세상이 이름도 모르면서 기다리고 있는 그리스도를 오늘날 소개하기 위해 지금도 사방으로 돌아다녀야 할 모든 길을 알고 있다.

남은 20년간 인간을 위해, 교회・그리스도를 위해 힘껏 봉사하며 그는 살아간다.

1936년 1월 26일
(상해 앞)

참으로 귀한 벗님,

 중국에 내일 도착하면 나를 기다리고 있는 일 때문에 정신없이 바쁠 것입니다. 그래서 그전에, 너무 늦었지만 새해 인사와 아울러 우리 두 사람의 유익한 교신이 끊어지지 않도록 몇 자 소식을 보내고 싶습니다. 유럽에 돌아갈 때마다 나를 따뜻하게 맞아주는 여사께서 언제나 현명하고 확고하고 또한 재기가 넘치는 것을 보면 내 마음이 진실로 푸근하답니다. 정성을 다해주는 벗님, 제가 벗님께 빚을 얼마나 졌는지 … 아! 정말 여사와 같은 여성들만 있다면 … 그러나 그렇다면 그때엔 불을 차지하기 위한 싸움 "불의 쟁취"(멋있는 소설 제목이라고 생각하지 않습니까?)가 너무 쉬울 것입니다.

 외부적인 경과 보고를 드리자면, 프랑스를 떠난 후 9월 한 달 동안은 내 생활이 아름답고 커다란 모험으로 일관했습니다. 인도에 도착하자 카쉬미르로 올라갔습니다. 대 히말라야와 페이 판잘(몽블랑보다 더 높은)의 눈 덮인 산맥 사이로 펼쳐진 초목의 병풍이 가을의 첫 손길에 살짝 붉은 빛을 띠었는데 그 경색景色은 일대 장관이었습니다. 다음엔 펀잡과 중앙 인더스의 사막 또 반半사막에서 2개월을 보냈습니다. 그리고 마지막으론 우리의 야영 침대를 노르바다(중앙 인도)의 매혹적인 계곡에, 원숭이가 뛰놀고 앵무새가 나는 정글에다 옮겼습니다. 이렇게 지내는 동안 쉴새없이 우리는 새로운 것들을 한 줌씩 주워모았습니다. 그런 다음 캘커타에서 자바로 내려갔는데, 거기서 다른 친구(쾌활한 독일 청년 쾨닉스발트)[1]가 화산과 종려나무가 있는 지역에서 찾아낸 선사시대의 기이한 또 다른 발견물들을 내게 제일 먼저 제공했습니다. 마지막으로, 벌써 11일이나 흘렀군요. 바타비아에서 네덜란드의 증기선에 몸을 실었습니다. 그후론 조금씩 조금씩 계절풍을 등지면서 점점 더 차가워지는 잿빛 하늘 아래로(푸키엔 산 위에 오늘 아침 눈이 내렸답니다) 다가가니 양자강에서 내려오는 탁한 물이 우리를 맞이합니다. 지금은 이 강이 보고싶어 마음이 조급합니다. 북경에서 나를 기다리는 사람들과 일들이 얼마나 많습니까! 그런데 일본 사람들의 새로운 압력을 받으면서 어떻게 지질학 연구소에 계속 나갈 수 있을까? … 가까이 오니 이 불안이 커져서 송곳처럼 찌릅니다. 그러나 한편으론, 이번 여행(인도)을 약간 염려했었지만 그래도 내가 거절 않고 승낙하여 경험을 얻은 것에 만족하고 있습니다. 학술적 관점에서 보면 지난 가을에 나의 학문적 무대가 현저하게 높아지고 넓어졌습니다. 더 먼 과거를 알아내려고 악착스레 애쓰는 **인류가** 현재 가지고 있는 크나큰 관심사를 내가 점점 더 확실하게 안다면, 더 중요한 점들에 관한 나의 견해를 이해시키기 위해선 어쨌든 무대가 필요한 것은 사실입니다. 그러니까 만사가 다 잘 되어갑니다. 나의 삶을 잡아당기던 줄을 끝까지 따르는 것은 앞날을 위해 잘한 일이 되리라고 한 번 더 생각해 봅니다.

늘 마음에서 떠나지 않는 가장 지배적인 관심사와 걱정거리는, 여사는 이미 알고 계시지만, 새로운 종교(적절한 표현이 아니니까 더 나은 **그리스도교**라고 부릅시다)를 내 안에 자리잡게 하려는 노력, 그리고 내 주위에 보급하려는 노력입니다. 그런데 더 나은 **그리스도**

---

1. "젊고 명석한 Königswald"(*Lettres de voyage*, 198쪽 인용). 독일 학자(네덜란드인이 아닌, 상게서 196쪽)가 떼이야르 신부를 자바로 초청했다.

교에선 위격신le Dieu Personnel이 우리의 문화와 종교적 발전에 걸맞은 세상의 중추âme(원동력)가 되기 위하여 옛날 옛적 "신석기시대"의 주인 대감 노릇을 그만둡니다. 캘커타에서부터 20여 일 말동무 없이 항해하는 동안 특히 나는 많이 생각했고 물론 기도도 많이 했습니다. 내가 앞으로 걸어갈 길이 분명히 정해진 것 같습니다. 이 길은 **그리스도**를 세상에다 포개어 놓는 것이 아니라 우주를 통틀어 "**범그리스도화**"하는 길입니다. 미묘한 점은(「그리스도론과 진화」*Christologie et Évolution*에서 내가 그 점을 부분적으로 다루었습니다) 이 길을 따르면 보는 눈이 확장될 뿐만 아니라 기존의 관점을 거꾸로 뒤집어엎게 됩니다. 즉, 악(벌罰을 치르는 과오가 아니라 진보에 대한 "전조와 진보를 가능하게 하는 것")과 그리고 **질료**(열등하고 죄있는 요소가 아니라 "Esprit의 원료")도 보통 **습관상** 그리스도교적인 것으로 이해되어 온 의미와는 정반대되는 뜻㉠을 가지게 됩니다. 그뿐입니까. 그리스도는 그 모습이 몰라보도록 커지구요(최소한 나는 이렇게 생각합니다). 그럼 이 **그리스도**가 정말 복음서의 **그리스도**가 아니란 말입니까? 이 **그리스도**가 복음서의 **그분**이 이제부터 아니라면 우리가 건축하려고 애쓰는 그것을 장차 어디에다 세울 것입니까? 나와 같은 길을 걸어가는 예수회원들 중 얼마나 많은(단 하나일지라도! … 이렇게까지 숫자가 적다고는 생각하지 않습니다) 선배나 후배가, 모든 인간이 각자 내딛고 있는 평범한 한 걸음의 중요성을 깨닫는지 아닌지 나는 모릅니다. 그러나 나, 나는 그 중요성을 지극히 분명하게 식별하기 시작합니다. 한 가지 나를 안심시키는 것이 있는데 그것은

㉠ 107쪽 참조.

1936년 1월 26일

내 안에서 커져가는 광명이, 사랑과 그리고 유$_{類}$가 없으신 **가장 크신 분**에게 나 자신을 맡기는 자아포기, 이 두 가지를 동반한다는 사실입니다. 이것은 잘못될 수 없을 것입니다. 그래서 **존재자**(스스로 존재하시는 분)가 우리의 논리보다 한없이 더 방대하고 더 개혁적이라는 이 자각을 방어물로 삼아 그 뒤에 몸을 피해 보일 듯 말 듯 숨어 있습니다. 모든 움직임의 경우가 그렇듯 진행하고 있는 종교의 변화도 역설이지만 움직임 자체에 의해 해결될 것입니다. "Salvitur eundo."ⓒ

이 문제를 깊이 생각하다 보니 새로운 논문을 더욱더 시도하게 됩니다. 이 논문에선, 내가 그것을 느끼고 있습니다만, 최근 나의 획득물 중에서 최상의 것을 한데 모은 것인데, 제목은 「인격화하는 우주」l'Univers personnel 아니면 「인격화하는 우주(의 예측)」(Esquisse d')Un Univers personnel^{2}이라고 하는 것이 낫겠습니다. 이 글에서, 우리가 **세상**에게 "**인격**"personnel(의심할 여지 없는 체험 사실인, — 그리고 체험의 바로 토대인)의 한 자리를 마련해 주는 즉시 **세상**이 어떻게 되느냐 하는 것을 분석하고 싶습니다. 차츰차츰 모든 것이 변화합니다. **정신**le moral은 **물리**(육체)**적인 것**le physique과 합병하고 **개체**l'individualité는 **전체**Universalité로 연장되며 **질료**la matière는 **에스프리**Esprit를 이루는 **골조**la structure가 됩니다. 그리고 사람들은 내가 소리높이 외쳐 온 **신**$_{新}$**그리스도교**néo-christianisme와 아주 흡사한 것을 재현하게 됩니다. 이것을 쓰는 데 서두르고 싶지 않습니다. 어쨌든 이 구상은 분명해지고 또 체계화되어 가고 있음을 느끼고 있습니다.

ⓒ 시간이 흐르면서 해결된다, 시간이 해결한다는 뜻.

2. 3개월 후 5월 4일 북경에서 떼이야르 신부가 Esquisse d'un univers personnel을 썼는데 이것이 떼이야르 드 샤르댕의 저서 6권(1962) 67-114쪽에 실려 있다.

또 한편으로는 지난 몇 달 동안 아시아 사람들에 대한 지식을 더 넓힐 기회가 있었습니다. 이 새로운 경험이란 인도주의자(나는 여기에 속합니다)들이 인간 집단의 복잡성(혹은 이종혼성hétérogénéité)을 보고도 이 사실에 눈을 감는다면 이보다 더 위험한 것은 아무것도 없을 것이라는 나의 신념이 강화되었다는 것입니다. 내게 서명을 요청(다행히 너무 늦게)했던 아비씨니,ⓒ 지지자들의 선언문에 대해 모리스 브리앙에게 편지(사신)로 내가 그것을 설명했듯이, 세상의 건설에 이바지할 수 있는 각 종족이 지닌 물리적 능력을 두고 말하자면, 이런 경우 종족의 평등성l'égalité이란 인간 본성의 철학상 단일성l'unité이나 혹은 "창조에 따른"(하느님이 부여하신) 단일성과는 **아무런** 관계가 없습니다. 그런데 아비씨니 사람들과 중국인들의 문제에서 그 동기는 전자(종족 평등성)에 관계되는 것이지 후자(철학상 단일성)가 아닙니다. 내가 생각건대 "확장의 전쟁"(이 자체가 패덕합니다. 왜냐하면 "가장 강한 자의 권리〔논리〕"니까요)이라는 미명美名의 표어를, 사람들이 "건설적 전쟁"(말하자면 반항하는 요소, 늑장부리는 요소를 **힘**을 가해서라도 제거하면서 정리하는 **대지**의 권리)으로 헷갈리게 알아듣습니다. 이런 의미에선 나의 **본심은**, 내가 좌파나 약한 민족을 옹호하는 단체의 자유주의자 편이 아니라 무솔리니 편입니다. 내가 보기에 무솔리니가 저지르는 가장 큰 잘못은 바로 그가 비열하게 쓸데없이 폭력을 사용할 때(다른 방법을 쓸 수 있는 그런 때)이며 그리고 서방 진영이 애써 모은 이념과 결합이 뒤흔들릴 위험에도 불구하고 그가 그 짓을 할 때입니다. 바로 이 점에 관해 글을 쓰고 싶습니다. 그러

ⓒ 27-8 136쪽 참조.

1936년 1월 26일

나 이것을 인정해 줄 사람도 실어줄 잡지도 찾을 수 없을 것입니다.[3] 어쨌든 제가 보기에 객관적인 사실은 ① **국가**를 초월해서 건축할 수 있는 **대지**가 있다는 것을 선결해서 승인하지 않는 한 국제적 윤리는 불가능, ② 일단 이 건축을 결정한다면 모두가 굽히고 응해야 함. 그리고 모든 종족의 가치(건축의 능력)가 같지 않기 때문에 제압해야 함 (무시해야 된다는 뜻이 결코 아니라 그 반대).* 내가 경험한 이야기로 되돌아와서 내 눈에 인도는 중국이나 일본에 비해 창조적 힘을 아주 많이 보존하고 있었던 것 같지 않았습니다. 그리고 그들의 현 종교는 가장 요란한 경종입니다. 말하자면 형식적 예식이나 미신의 모든 양상이 베일로 너무나 잘 가려 있기 때문에, 이런 것들에 무심코 이끌려갈 위험이 있는 그런 교회에 대한 귀 따가운 경종이라는 이야기입니다. 가끔 "그네들 속에" 우리가 있는 것을 분간하고서 나는 전율했습니다.

벗님, 안녕히 계십시오. 보시다시피 여사 댁에 있을 때처럼 말을 많이 늘어놓았습니다. 그런데 그때처럼 부드럽지 못하고 좀 뚝뚝했습니다.

God bless you.

P. 떼이야르, S.J.

---

3. 떼이야르 신부가 이 생각을 타자로 친 "Savons l'humanité"(인류를 구합시다)가 북경, 1936년 11월 11일, 34쪽에 실렸다. 텍스트를 요약한 설명문이 "La crise présente, Réflexions d'un naturaliste"(현대의 위기. 한 자연주의자의 고찰)이라는 제목으로 *Les Études* 233권(1937년 10월 20일) 145-65쪽에 실렸다. 원문은 떼이야르의 저서 *Science et Christ*, Paris, Seuil 1965, 167-91쪽에 출간되었다.

※ 달리 표현한다면, 공식적으로 **동시에** 인정해야 할 사항;

{ ① 국가보다 위에 있는 대지의 제1위 우선권

② 종족과 백성들의 불균등

그런데 **후자**는 현재 **공산주의** … 그리고 **교회**로부터 비난을 사고 있고 **전자**는 파시즘(그리고 천부적으로 재능을 덜 받은 백성들, 물론입니다!)으로부터 똑같이 증오를 사고 있습니다.

그래서 진실을 말하는 자에겐 모든 사람이 동시에 공격할 것입니다. 그렇지만 **만약** 그것이 진실이라면 …

〈해설〉

신그리스도 — 신종교?

떼이야르 신부가 신종교를 세우려는 생각을 결코 하지 않았다는 말을 굳이 해야 할 필요가 있을까?

그는 그리스도교가 우주를 그리스도화할 수 있도록 자기의 전숲소명 안에서 더 나은 그리스도교를 꿈꾸었을 뿐이다. 이런 뜻에서 우주의 그리스도, 신그리스도Néo-Christ, 극상의 그리스도Ultra-Christ를 이야기했던 것이다.

그러나 그 신그리스도는, 이전과 항상 똑같은 그리스도며, 육화하신 하느님의 말씀인 예수로서 마리아의 아들로 십자가에 못박혔고 부활했고, 죽기까지 창조주의, 구주의 사명을 다하신 똑같은 분 … 성 요한의 그리스도, 성 바울로의 그리스도, 복음서의 그리스도, 교회의 그리스도이다. 현존하신 그리스도와 커져가는 그의 몸인 교회를 정관靜觀하면서 떼이야르가 자신을 비평하고 스스로에게 강경히 요구할 줄 알았던 것은 사실이다.

그는 곧잘 구그리스도교(과거에 의거, 걸음이 느리고 새것에 경련을 일으키는)와 신그리스도교(미래를 향해 열려 있는)에 관해 이야기했다. 그러나 역시 항상 같은 교회요 그리스도의 몸인 교회였다.

그리스도는 어제도 오늘도 내일도 같은 분이시다. 그러나 그의 몸은, 키가 완전히 자랄 때까지 커져간다.

「질료의 핵심」Le Coeure de la Matière(1950)에서 떼이야르는 그리스도적인 것le Christique을 우주적인 것le Cosmique과 인성l'Humain과 같이 우주 구성에서 불가결한 것으로 다룬다. 여기서 그는 원주가 중심을 찾고 중심이 원주를 찾는 것처럼 그리스도가 우주를 찾고 우주가 그리스도를 찾는 것을 보여준다.

하지만 그리스도는 영상도 아니고 상징도 아니다. 그는 한 인격체로서, 예수라는 현실존자現實存者요 실재요 역사 속의 그리스도이다.

그래서 세상의 심장le Coeur du Monde은 우리에게 지성과 사랑을 동시에 간청한다. 왜냐하면 세상의 심장은 그리스도의 심장, 성심聖心이기 때문이다.

1938년 11월 12일
파리

친애하는 벗님.

 보내주신 편지 감사합니다. 마르그리트 누이가 그전에 얘기해 주었기 때문에 여사의 삶이 얼마나 고된지 넉넉히 짐작하고 있었습니다. 에스프리esprit가 **질료**의 무게에서 부상浮上하도록 우리가 서로서로 도웁시다.

 요즈음엔 도저히 시간을 낼 수 없습니다. 그렇지만 몹시 뵙고 싶습니다. 오는 토요일 마르그리트 누이 집에서 우리가 만날 수 있다고 생각합니다. 그때 다음 약속을 할 수 있을 것입니다. 장소는 즐거운 기억이 가득한 여사의 뇌이 둥지에서.

 안녕히.

P. 떼이야르, S.J.

누이 집에 갈 때 『연구』지[1]를 가지고 가겠습니다. 아니면 그전에 여사에게 보내겠습니다.

---

1. Jules Lebreton 신부의 "Sainte Monique et Saint Augustin. La vision d'Ostie"(성녀 모니카와 성 아우구스티누스. 오스띠의 환시)가 457-72쪽에 실렸던 잡지 *Les Recherches de science religieuse* 28권(1938). 장따가 이때 *Sainte Monique et son fils*(성녀 모니카와 그의 아들). *La mère chrétienne*, Paris, Plon 1941을 준비하고 있었다.

1938년 11월 21일
파리

지극히 친애하는 벗님,

 죄송합니다. 지난 토요일까지 꼼짝할 수 없었습니다. 그런데 또 내일 리용에 가야 하기 때문에 거듭 미안하게 되었습니다. 가서 만나보면 결국은 아무것도 아닌 일을 가지고 … 편지를 보내면 될 것을, 기어이 나를 보려고 하는 장상님께 하늘이 축복하시든지 아니면 황송한 마음이 들게 하사이다! … 금요일 저녁에 돌아오긴 하지만 토요일, 주일, 양일간 제가 또 붙들립니다(빠질 수 없는 모임이 있습니다). 다음주에 만날 수 있는 날을 알려주십시오. 진심으로 뵙고 싶습니다.

 주님의 평화와 주님의 오묘한 기쁨이 여사에게 항상 가득하기를 … 늘 안녕하십시오.

P. 떼이야르, S.J.

1939년 2월 11일
파리

친애하는 벗님,

　마지막 순간에 와서 무슨 일이 생겨 12일 주일土日 방문이 불가능하게 되었습니다. 그 다음 19일 주일에 방문해도 좋겠습니까? 절친한 친구 베구엥㉠이 뜻밖에 월요일에 아프리카로 떠납니다(3,4개월이나!). 오랫동안 헤어지는 마당에 그를 만날 수 있는 날이 12일 주일土日밖에 없습니다. 이해하시리라 믿습니다. …

　— 2월 19일 4시. 좋으시다면 답장 보내지 마십시오.
　안녕히 …
　　　　　　　　　　　　　　　　　P. 떼이야르, S.J.

늘 기쁘고 행복하시다면 참으로 만족하겠습니다.
　『오스띠의 환시』²를 가지고 가도록 하겠습니다. 르브르통 신부님이 이 책 칭찬을 많이 했습니다.

---

1. Max Bégouën 백작.
㉠ 가장 가까운 친구 중 한 사람으로, 1915년 벨기에 전선에서 떼이야르 신부가 처음으로 그를 만났다. 떼이야르 신부에게 자기 이름을 빌려주기도 했다(129쪽 참조). Alice Teillard-Chambon과 함께 *Genèse d'une pensée*를 출간했고 l'Association des amis de Pierre Teilhard de Chardin의 행정고문으로 있었다. 부친이 선사학자(Henri Bégouën, 1863~1956)로 떼이야르 신부와 교분이 두터웠으며 1922년, 1928년에 떼이야르 신부가 방문했던 몽테스큐-아방테스(128-9쪽 참조)엔 아버지와 세 아들이 협력하여 찾아낸 Tuc d'Audoubert(어른의 발자국이 새겨진 발견물과 진흙으로 된 유명한 들소의 발견물, 1912년) 동굴과 Trois-Frères(조각(gravures)의 발견물, 1914년) 동굴이 있는데 이 동굴들은 모두 베구엥 집안의 소유지에 있었다.
2. Paul Henry, *La vision d'Ostie,* Paris, 1938(193쪽 각주 1 참조).

화요일[1]

친애하는 여사, 벗님께

나도 여사를 뵙고 싶습니다. 주일土日 모임이 참 좋았는데 그 모임이 길어져 유감스럽게도 약속한 주일에 시간을 못 냈습니다. 만약 내가 영국에 가지 않는다면 여사께 알리겠습니다. 어쨌든 하루 빨리!

영혼의 불멸에 대해 많이 생각했습니다. 분명히 이것은 우리의 단자單子(말하자면 **세상**)가 결국 확고부동한 중심에 매여 있다는 사실에 기인합니다. 이 유기적 현상을 인정할 수 있는 표적이 무엇이겠습니까? … 틀림없이 우리의 사고하는 능력과 이상화하는 능력일 것입니다. 그뿐 아니라 나는 또 다른 표적으로 불멸을 더욱 확신합니다. 그 표적이란 인간의 영속성(영혼불멸)이 없다면 우리의 가장 값진 정신적 작업이 무無로 돌아갈 것이고 우리가 움직여야 할 충분한 이유도 없을 것인데 그렇게 되면 죽음의 필연성을 견뎌낼 수 없을 것이라는 이것입니다. ① 계속 움직여 일해야 하는데 ② 죽어야 한다는 이 두 가지 모순된 짐을 지각하는 존재가 용납할 수 있는 것은 영혼이 불멸하는 그 경우뿐입니다. 이와같이 **불멸**과 **사고**는 **필연적으로 결합되어 있는데** 형이상학적 혹은 물리적 필연뿐만 아니라 **심적 필연**입니다. 불멸이 없고 사고뿐인 우주란 부조리한 세상일 뿐 아니라 그보다 더 무서운, 생각조차 하기 싫은 **세상**일 것입니다.

안녕히 계십시오.

P. 떼이야르, S.J.[2]

---

1. 자필 원고에 이 편지는 날짜가 기입되지 않았다.
2. 1942년 6월 14일 장따 여사가 서거했다. A.-D. 세르틸랑즈 신부가 종부성사를 주었고 1942년 7월 17일자 *Les Voix françaises*에 弔意 기사를 썼다.

⟨해설⟩

죽음에 관해

짧막한 이 편지가 죽음에 관한 떼이야르의 생각에 대해 몇 마디 언급하게 한다.

죽음은 그가 많이 숙고했던 현실realité이다. 그에게 있어 죽음이란 한 사건으로서 그가 자주 직면했던 현상이다. 전쟁 기간 동안 그는 사제이면서 들것으로 부상병을 날라다 주는 병사였기 때문에 죽어가는 사람들과 죽은 사람들을 끊임없이 보았다. 가족과 가까운 친구들과도 죽음의 이별을 여러 번 겪었고 임종하는 이들, 상喪을 입은 이들의 위로자가 되기도 했다. 그의 여러 서한이 이를 증명한다. 죽음에 대해 글을 많이 썼는데 개개인의 죽음보다는 인류의 죽음, 종種의 죽음에 관한 것이다.

떼이야르에게 있어선 세상에 사고pensée가 출현한 이래 진화는 역진할 수 없게 된다(말하자면 불멸한다). 완전히 죽어 없어지지 않으리라는 확신, 그리고 노력의 성과가 전적으로 사라지지 않으리라는 확신은 인간 누구나가 지니고 있다. 개개인이 그리고 전체가 살려는 욕망, 더 잘 살려는 욕망은 인간 본질의 하나이다. 실망할 수 없다는 이 확신은 의식적인(능동적인) 진화의 필요조건이며 다만 얼마큼이라도 진화의 미래에 책임을 지는 것이다. 이것이 떼이야르가 생각했던 바이다.

그리스도교인인 그는 인간에 대한 자기의 신앙이 한 빛 — 죽었다가 부활하신 그리스도에 대한 자기의 신앙 — 으로 조명되는 것을 본다.

떼이야르가 쓴 기도문에서 잘 죽기 위하여 드리는 기도가 있는데 이것은 가장 아름다운 기도의 하나로서 다음과 같이 끝을 맺고 있다.

오, 나의 주님의 살아 있는 저항할 수 없는 힘Energie이여. 우리와 당신 중中 당신은, 가장 강한, 분이시기에. 우리가 함께 녹아져야 할 합일 안에 나를 불사르는 것은 결국 당신의 역役이옵니다. 그러기에 내게 주시옵소서. 당신의 모든 신도들이 당신께 구하는 은총보다 더욱더 값진 어떤 것을 주소서. 내가 일치하며 죽는 것으로 충족지 않사오니 내게 가르치소서. "나를 죽이면서 당신과 일치하는 법"을.

떼이야르 신부는 1955년 하느님의 섭리로 자신이 원했던 부활 축일에 죽으면서 기도로 간구했던 이 일치에 이르렀다고 할 수 있을 것이다.

편집자가 앞에서 시사한,
원문에서 빼어놓고 이 책에 싣지 않았던
여섯 구절

1928년 8월 22일자 편지 중에서 빼어놓은 원문의 한 줄. 125쪽.

　몽살비Montsalvy에 있는 동안 참으로 즐겁고 유쾌했습니다. 그렇지만 약간 신경이 쓰여 좀 긴장했습니다. 왜냐하면 "어떤 사람"이 여기에 와 있었기 때문입니다.

1928년 9월 1일자. 원문 두 줄. 129쪽.

　"어떤 사람"이란 바로 누군가 하면 머리카락이 잿빛인 그 사람의 부인입니다. 마음을 더 단단히 동여매고서 이 일을 처리하기로 결심했습니다.

1929년 8월 23일자. 원문 일곱 줄. 151쪽.

　여사께서도 알고 있는 "발끈하기 잘하는"(인화성의) 여성으로부터 히스테릭한 편지를 꾸러미로, 꾸러미로 받았습니다. 파리가 좁아서 무슨 이야기가 퍼졌다는 건 나도 알고 있습니다(소문이 어떻게 돌았는지 모르겠지만 사실 이 일에서 내가 즐거움 같은 것을 찾으려고 생각해 본 일이 결코 없기 때문에 무엇이래도 상관없습니다). 내가 멀리 와 있으니까 조용해지기를 바랍니다. 나는 정말 아무렇지도 않지만 그 여성은 더 곤란할 것입니다. 그런데 이 일을 생각하면 할수록 나로선 어떤 사람이 진심으로, 정신적으로 내게 의지하는 데 급작스레 격면隔面하여 갈피를 못 잡게 난처하게 할 수 없을 것 같습니다 — 시간에 맡깁니다.

1929년 12월 14일자. 원문 넉 줄. 156쪽.

알고 계시는 그쪽에선 계속 편지가 오는데, 어떤 땐 정말 애절합니다. 고통을 줄 수밖에 없다는 것은 괴롭고 힘든 일입니다. 나는 답장을 거의 보내지 않습니다. 착한 면이 있는 이 영혼을, 자부심도 강한데, 상하게 하고 싶지 않습니다. 왜 친구들㉠이 모두 여사 같지 않은지! …

1930년 2월 7일자. 원문 두 줄. 161쪽.

알고 계시는 그쪽에 대해선 특기사항 없음. 좀 괜찮으냐고요? 괴로움만 가득합니다. 자신보다 더 약한 사람을 고통스럽게 하지 않을 수 없기 때문입니다.

㉠ 여기서 친구들amies이란 여성 친구들을 뜻한다. 떼이야르 신부 일생에서 영향을 주고받았던 여성으로 육촌 누이인 Marguerite Teillard-Chambon은 물론이려니와 상하이 라디오 책임자인 Claude Rivière, 1932년에서 시작하여 떼이야르 신부가 죽기 며칠 전까지 편지 왕래가 지속되었던 미국인 여류 조각가 Lucile Swan(편지집 1993년에서야 미국에서 출판되었음), 파리에서 문과대학을 이수, 영국에서 M.A. 획득, 4년간 의학을 공부한 Maryse Choisy, 신학박사로 떼이야르 신부의 모든 작품에 대한 판권을 직접 받았고, 그의 사후에 작품 출판은 물론이려니와 떼이야르 드 샤르댕 동우회Association des amis de Pierre Teilhard de Chardin의 설립자이기도 한 Jeanne Mortier, 그리고 부활절날 떼이야르 신부가 환담중에 쓰러져 마지막이 되었던 집의 주인이며 익명의 두 여인이 펴낸 편지집 *Accomplir l'homme*의 한 사람인 Rhoda de Terra 등이 있다.

㉡ *Vie*: 당시 공산주의자들의 주간지.

㉢ 원문엔 누구(누구의 부인)인지 밝혀져 있지만, 놔르 신부님이 이 원문을 주신 1991년엔 이 이름만은 익명으로 두는 것이 좋겠다고 했다. 그러나 1995년엔 이름을 공개해 주었다(Lucile Swan이 받은 편지집이 1993년에 출판되었기 때문으로 보인다). *Accomplir l'homme* 편자의 한 사람인 Ida Treat로서 당시 공산당 지도자인 Vaillant-Couturier의 부인이다.

1934년 6월 24일자. 원문 다섯 줄. 183쪽.

지난 가을 『삶』ⓒ 잡지사의 현지보고를 위한 파견으로 XX(XX 부인)ⓒ가 북경에 와서, 내가 오랜 기간 동안 그녀를 보았던 놀라운 이야기를 여사께 말하지 않았습니다. 이 해후邂逅가 나에게 있어선 큰 기쁨이었습니다. 왜냐하면 처음에 너무나 소란스러웠던 일이 선善한 투쟁으로 내겐 눈부시게 아름다운 우애友愛가 되었기 때문입니다. 에스프리esprit의 승리란 …ⓔ

ⓔ "*Vie* 신문의 북경 특파원으로 온 마담 Vaillant-Couturier를 여러번 만나볼 수 있어서 정말 놀랍고 기뻤습니다. 옛날에 그녀와 나 사이에 있을 수 있었던 약간의 문제들이 지난 몇 년 사이에 모두 사라졌습니다. 내 눈에 비치는 그녀는 오로지 놀라운 여성 투사의 모습뿐이었습니다"(Lèttres inédites du 31/12/33). 이것은 1933년 12월 31일에 친구인 Breuil 신부에게 보낸 편지다(*Bulletin Teilhard de Chardin*, N 17).

"Ida Treat가 Raynauard 가街에 와서 3주 동안 있었는데 책을 준비하느라 몹시 바빴습니다. 일차대전이 시작될 때부터 1930년에 걸쳐 있었던 프랑스 공산주의의 내부 이야기를 다룰 것입니다. … 그녀와 나는 정신적으로 아주 가깝습니다. 나는 아직까지 타인의 고통에 그렇게까지 동참할 수 있는 사람을 만난 적이 없습니다. 왜냐하면 그녀는 세계의 아픔을 적극적으로 자기 안에 수용하기 때문입니다"(*The Letters of Teilhard de Chardin and Lucile Swan*, 124쪽).

떼이야르 드 샤르댕의 약력

1881. 5. 1: 프랑스 중앙 산악지대 사르세나Sarcenat(Clermont-Ferrand 서쪽 7km 떨어진 곳)에서 열한 아이 중 넷째로 출생.
1892. 4: 예수회 중학교(Notre-Dame de Mongré)에 입학.
1892. 5. 26: 첫 영성체.
1899. 3. 20: 예수회(Aix-en-Provence)에 수련생으로 들어감.
1900. 10: 수련기간 수료 후 고전수업 시작.
1901. 3. 25: 첫 허원.
1901~1905: 영국(Jersey)에서 철학 과정.
1905. 9~1908: 카이로의 예수회 중학교에서 화학·물리를 가르침.
1908~1912: 영국 헤이스팅스Hastings에서 신학 과정.
1911. 8. 24: 신부서품.
1912. 7 중순: 불Marcelin Boule과 첫 대면.
1912~1914: 파리에서 학문에 전념.
1915. 1. 20: 군에 입대(전선에서 환자 나르는 담가병).
1916: 떼이야르 사상의 천재가 눈뜨기 시작.
1918. 5. 26: 리용(Sainte-Foy-lis-Lyon)에서 장엄(종신)서원.
1919. 3. 10: 군에서 제대.
1919. 부활절: 파리(Sorbonne)로 돌아와 이학(지질학, 식물학, 동물학) 학사 과정.
1920. 부활절: 박사 과정 준비.
1922. 3. 22: 우수한 성적으로 박사 학위 획득.
1920~1923: 파리 가톨릭 대학에서 강의.
1923: 오르도스 탐험을 위해 중국으로 출발.
1924: 고비 동쪽 경계지방을 탐험.
1924. 10~1926. 5: 파리에 머묾.
1925: 비알르통Louis Vialleton에 맞서서 생물변이설Transformisme을 적극 옹호.
1926 말: 몽시뇰 보드리야르의 노력에도 불구, 가톨릭 대학 교수직을 그만두게 됨.
1926. 6~1927. 여름: 중국에서 캉수, 상카우호 계곡, 동부 몽고를 탐방.
1927. 10~1928. 10: 프랑스에 머묾.
1928. 11~1929. 2 초: 소말리아에 머묾.
1929. 3~1930: 중국 섬서, 만주 등 여러 곳을 탐방.
1929: 중국 지질학 연구소의 고문이 되어 12월에는 주구점의 북경원인을 발굴.
1930: 미국 탐험대에 가담, 중앙아시아 탐방.

1930.9~1931: 프랑스와 미국 체류.
1931.5~1932.2: 황색 탐험대에 참가.
1932~1936: 중국의 섬서, 하남, 산동 등 여러 곳을 탐방.
1932: 부친 별세.
1932.9~1933.1: 프랑스 4개월 체류.
1933: 미국 2개월 체류.
1934: 주구점과의 관련을 짓기 위해 양재 계곡 등 남부지방 탐방 시작.
1935: 중국 강서와 강동 탐방. 프랑스 체류. 예일-캠브리지 탐험대에 참가하여 인도 북부와 중앙지방 탐방.
1936: 자바에 잠시 체류. 모친 별세.
1937: 미국 체류. 프랑스 체류 동안엔 병으로 누워 있다가 중국으로 떠남.
1937~1938: 하버드-캠브리지 탐험대에 참가. 버마 탐험.
1938: 자바에 잠시 체류 후 중국으로 돌아감.
1938~1939: 미국 체류 후 프랑스에 체류. 다시 미국을 거쳐서 중국으로 돌아감.
1939~1946: 이차대전으로 중국에 억류.
1940: 예수회원 르 롸Pierre Le Roy와 함께 북경 지질-생물학 연구소 설립.
1943: 르 롸와 공동으로 *Géobioligia* 잡지 발간.
1946.5: 드디어 프랑스 귀국.
1947.6 초: 심장병으로 인한 고열로 약 15일간 생生과 사死를 헤맴.
1948: 미국 체류, 바이킹Viking 재단에 들어감. 로마 방문, 체류.
1949: 늑막염 앓음.
1950: 아카데미 회원으로 선발됨.
1951: 남아프리카 체류 후 미국 뉴욕에 정착.
1952: 서부 아메리카 여행(버클리 대학 방문. 몬타나의 Glacial Park 등).
1953: 남아프리카와 로데지아 여행.
1954.6.9~8.5: 파리 체류, 런던을 거쳐서 추방지 미국으로 다시 돌아옴.
1955.4.10 부활절: 뉴욕에서 서거.

샤르댕의 저서

Editions du Seuil에서 출간한 저서 전집
- 1집: *Le Phénomène humain* (1955)
- 2집: *L'Apparition de l'Homme* (1956)
- 3집: *La Vision du Passé* (1957)
- 4집: *Le Milieu divin* (1957)
- 5집: *L'Avenir de l'Homme* (1959)
- 6집: *L'Energie humaine* (1962)
- 7집: *L'Activation de l'Energie* (1963)
- 8집: *La Place de l'Homme dans la Nature* (Editions Albin Michel, 1956)
- 9집: *Science et Christ* (1965)
- 10집: *Comment je crois* (1969)
- 11집: *Les Directions de l'Avenir* (1973)
- 12집: *Ecrits du temps de la guerre* (Editions Bernard Grasset, 1965)
- 13집: *Le coeur de la matière* (1976)

샤르댕의 서간집

Lettres d'Egypte (1905~1908), Aubier, 1963.
Lettres d'Hastings et de Paris (1908~1914), Aubier, 1965.
Genèse d'une pensée (1914~1919), Grasset, 1961.
Lettres de voyage (1923~1955), Grasset, 1956.
Nouvelle lettres de voyage, 1957.
Accomplir l'homme (Lettres inédites, 1926~1952), Grasset, 1968.
Lettres intimes de Teilhard de Chardin à Auguste Valensin
  Bruno de Solages
  Henri de Lubac
  Andre Ravier.
Lettres à Jeanne Mortier, Seuil, 1984.
Lettres familieres de pierre teilhard de chardin mon ami 1948~1955, le centurion, 1976.
Lettres inédites, Le Rocher, 1988.
Lettres de guerre inédites, Pierre Teilhard de Chardin et Jean Boussac, O. E. I. L., 1986.
The Letters of Teilhard de Chardin & Lucile Swan, Georgetown University Press, 1993.

역주에 참고한 책들

떼이야르 신부의 상기 서간집들 그리고

Claude Cuénot, *Teilhard de Chardin,* Écrivains de toujours 1962.

Claude Cuénot, *Pierre Teilhard de Chardin,* Le Rocher 1986.

Louis Barjon, *Le combat de Pierre Teilhard de Chardin,* Les Presses de l'Universite Laval, Quebec 1971.

Gerard-Henry Baudry, *Dictionnaire des correspondants de Teilhard de Chardin,* L'Auteur 1974.

Claude Cuenot, *Lexique Teilhard de Chardin,* Seuil 1963.

Teilhard de Chardin, *Le Milieu divin,* Seuil 1957.

Teilhard de Chardin, *Le coeur de la matière,* Seuil 1976.

로버트 패리시(이홍근 역)『떼이야르 드 샤르댕의 신학사상』분도출판사 1983.

이홍근『떼이야르 드 샤르댕의 영성사상』한국 천주교 중앙협의회 1976.

Petit Larousse, 1985.

Dictionnaire universel des noms propres, Le Robert, 1991.

Reneé d'Ouince, *Un prophète en procès: Teilhard de Chardin dans l'Eglise de son temps,* Aubier–Montaigne, Paris 1970.

Jean Claude Dhôtel, S.J., *Les jésuites de France,* Desclée de Brower, Paris 1987.

주요 인명 색인

가릭 Robert Garric · · · · 40 91 116 121 183
갈리숑 Marthe Gallichon · · · · · · · · · · 61 167
갈리숑 Monique Gallichon · · · · · · · · · · · 167
게탱 Roland Guétin → 갈리숑 Marthe Gallichon
구이에 Henri Gouhier · · · · · · · · · · · · · · · · · · 24
그랑메송 Léonce de Grandmaison · · · · · · · 45
다니엘-롭스 Daniel-Rops · · · · · · · · · · · · · · 24
다르칸느 Darcanne · · · · 16 17 26 33 37 183
단테 Dante · 86
도네 Maurice Donnay · · · 17 33 139 144 151 161 183
돕 Dopp · 44
두메 Paul Doumer · · · · · · · · · · · · · · · · · · · 14
뒤앵스 René d'Ouince · · · · · · · · · · · · 40 44-5
들라뤼르-마르드뤼스 Lucie Delarure-Mardrus 66
라크롸 Alfred Lacroix · · · · · · · · · · · · · 73 114
라파엘 Raphael · · · · · · · · · · · · · · · · · · · 16 86
랄르망 André Lallemant · · · · · · · · · · · · · · · 92
레오나르도 다 빈치 Leonardo da Vinci · · · · 86
로셔블라브 Samuel Rocheblave · · · · · · · · · · 14
룻슬로 Pierre Rousselot · · · · · · · · · · · · · · 40-1
뤼박 Henri de Lubac · · · · · 24 39 44 175 182
르 롸 Edouard Le Roy · · 45 76 129 131 165 175 182
르 맛송 Le Masson · · · · · · · · · · · · · 13 17 26
르브르통 Jules Lebreton · · · · · · · · · · · 193 195
리보도 André de Rivaudeau · · · · · · · · · · · · 37
리샹 Licent · · · · · · · · · 41 143 146 153 154
립시우스 Justus Lipsius · · · · · · · · · · · · · · · 16
마레샬 Joseph Maréchal · · · · · · · · · · · 44 182
마르쿠스 아우렐리우스 Marcus Aurelius · · · 15
마리 노엘 Marie Noël · · · · · · · · · · · · · · · 12
말브랑슈 Nicolas de Malebranche · · · · · · · 24
메리 델 발 Merry del Val · · · · · · · · · · · · · 40
메지에르 Alfred Mézières · · · · · · · · · · · · · 14
모니카 Monica · · · · · · · · · · · · · 32-3 37 193
모라 Charles Maurras · · · · · · · · · · · · · · · 123
몽프레드 Henri de Monfreid · · · · 27 134 135
무솔리니 Benito Mussolini · · · · · · · · 113 189
뮈니에 F. Mugnier · · · · · · · · · · · · 11-2 17 33
미켈란젤로 Buonarroti Michelangelo 16 86 90
바레스 Maurice Barrès · · · · · · · · · · · · · · 17 95
바뤼지 J. Baruzi · 24
바르부르 George B. Barbour · · · · · · · · 146 179
발랑생 Auguste Valensin · · · · 21-2 24 39-41 43 45 48 53-4 165 175 182
베구엥 Max Bégouën · · · · · · · · · · · · · 129 195
베르그송 Henri Bergson · · 14 17 24 26 32 33 76 137-8 141 165
베르나르 Auguste Bernard · · · · · · · · · · · · · 147
베샹 Béchamp · 66-7
보드리야르 Alfred Baudrillart · · · · · · · · 41 42
보알레브 René Boylesve · · · · · · · · · · · · · · 17
본느빌 C. de Bonneville · · · · · · · · · · · 56 180
부르제 Paul Bourget · · · · · · · · · · · · · 15 17 37
부트루 Émile Boutroux · · · · · · · · · · · · · · · 13
불 Marcellin Boule · · · · · · · · · · · · · 18 22 89
브렁크 Brunk · 24
브로샤르 Brochard · · · · · · · · · · · · · · · · · · 13
브뢰이 Breuil · · · · · · · · · · · · · 21-2 128 201
브르몽 Henri Bremond · · · · · 11 12 17 69 80
브리양 Maurice Brillant · · · · · · · · · · · · · 189
블랙 Davidson Black · · · · · · · · · · · · · · 179-80
블롱델 Maurice Blondel · · · · · · · · · 24 32 165
비알르통 L. Vialleton · · · · · · · · · · · · · 155 161
비오 11세 Pius XI · · · · · · · · · · · · · · · · · 25 55
생트-뵈브 Sainte-Beuve · · · · · · · · · · · · · · · 11
샤르베 René Charvet · · · · · · · · · · · · · · · 147
샤를르 Pierre Charles · · · · 21-2 40 42 44 66 81 155 182
세르티량스 A.-D. Sertillanges · · 17 33 37 180 196
세아이유 Gabriel Séailles · · · · · · · · · · · · · 13 14
솔라즈 B. de Solages · · · · · · · · · · · · · · 182-3
쉬랭 Jean-Joseph Surin · · · · · · · · · · · · 80 92
쉬레 Edouard Schuré · · · · · · · · · · · · · · · · 86

스트롭스키 F. Strowski · · · · · · · · · · · · · · · 14
시네티 Robert de Sinéty · · · · · · · · · · 80 129
시몽 Henri Simon · · · · · · · · · · · · · · · · · · · 91
십자가의 요한 Joannes a Cruce · · · · · · · · · · 24
아르트 G.-M. Haardt · · · · · · · · · · 27 160 174
아우구스티누스 Augustinus · · · · · · 25 33 193
앙리 Paul Henry · · · · · · · · · · · · · · · · · · · 195
에라스무스 Desiderius Erasmus · · · · · · · · · · 16
에픽테토스 Epiktetos · · · · · · · · · · · · · · · 13 37
영 C.C. Young · · · · · · · · · · · · · · · · · · · 146
오딜 Odile · · · · · · · · · · · 32 37 144 153 161
요에르겐센 J. Joergensen · · · · · · · · · · · · · · · 86
위비 Joseph Huby · · · · · · · · · · · · · · · · · · · 40
위스만 Georges-Charles Huysmans · · · · · · · 12
위즈와 T. de Wyzewa · · · · · · · · · · · · · · · · · · 86
이베 Colette Yver · · · · · · · · · · · · · · · · 15 17
질레 M.-S. Gillet · 24
카타리나 Catharina de Siena · · · · · · · · · 32 86
켓셀 J. Kessel · 17
코스타 드 보르가르 J.B. Costa de Beauregard   41
콜로나 Vittoria Colonna · · · 25 32 86 90 101
    102 113 139 144
쾨닉스발트 von Königswald · · · · · · · · · 185-6
퀴에노 Claude Cuénot · · · · · 40 52 61 89 115
    155 158 174
타로 Jérôme et Jean Tharaud · · · · · · · · · · · 17
테이야르–샹봉 Cécile Teillard-Chambon · · 151
    156
테이야르–샹봉 Marguerite Teillard-Chambon
    (Claude Aragonnès) 16 22 26 33 59 72-3
    81 89 99 124 131 151 156 160 175 193
팅 Ting · 93 94
파리 Paris · 14
파스칼 Blaise Pascal · · · · · · · · · · · · · · · · · 16
포슈 Germain Foch · · · · · · · · · · · · · · · · · 80
폴리냑 Madame de Polignac · · · · · 26 29 125
폴리냑 Melchior de Polignac · · · · · · · · 16 129
퐁생 Foncin · 91
푸코 Charles de Foucauld · · · · · · · · · · · · · 23
프란치스코 Francesco d'Assisi · · · · · · 86 107
플라톤 Platon · 13

207